开启高敏感孩子的天赋

儿童精神科医生给高敏感孩子家长的

天赋

41个 养育 · 照顾 · 陪伴 指导

[日] 长沼睦雄 / 著　萧云菁 / 译

北京联合出版公司
Beijing United Publishing Co.,Ltd.

与心思细腻的"高敏感孩子"相处

　　我在北海道的带广市经营一家精神科暨儿童精神科医院，常见到许多人因为各种症状而对生活感到痛苦，前来求诊，尤其在最近来看诊的患者当中，有越来越多的人是因为"高敏感"而痛苦不堪。

　　我曾在 2016 年出版的《解忧处方笺：日本心理名医谈压力的洞察与释放》一书中，分析天生对刺激反应敏锐的"高敏感族"，得到很大的反响，许多人来信表示"这根本是在写我"，更有来自日本各地的信函咨询，甚至有患者专程远道而来求诊。

　　我这才知道，原来有这么多人因为高敏感而深受困扰，同时也领悟到"这不只是成人才有的问题"，应该让更多的人了解孩子们也有高敏感问题。就在此时，有人问我："能不能为高敏感的孩子写本书？"因此诞生了本书的策划。

由于孩子们无法精准地用语言表达感受，痛苦程度恐怕远超于成人，就连一般人认为再平常不过的事，对这样的孩子来说，都会变成强烈的刺激，让他们幼小的身心受伤，甚至备感压力。

但这些孩子并不是自己想要这样敏感的，他们在对自己的心理感到困惑的同时，也对身体的不适反应感到困惑，于是想要寻找可以理解自己的人，以及一个舒服的容身之处。

本书就是要帮助大人们学会如何面对、照顾、支持这种高敏感的孩子。

由衷期望本书能帮助这些心思细腻又敏感的孩子，在纷乱、信息多元复杂的社会里活得更像自己。

我与高敏感族的结缘

"HSP"（Highly Sensitive Person，高敏感族）是距今约

二十年前，美国心理学家伊莱恩·艾伦（Elaine N.Aron）博士提出的概念，如字面意思，指的是天生具有敏锐感觉的一群人。

艾伦博士与她儿子都是高敏感族，曾经经历过各种痛苦的体验，因此决定从心理学的角度来研究"高敏感度"。在进行大量调查与研究后，她出版了《敏感的人：如何面对外界压力》（*The Highly Sensitive Person*）一书。

这本书 1996 年在美国出版后，立即成为畅销书，之后更被翻译为多国语言，日本也在 2000 年出版，许多日本人因此得知"高敏感族"一词。

当时我是负责诊疗发展障碍（现已改称神经发展障碍症）、发展性创伤障碍、依附障碍等症状的儿童精神科医生，读到这本书的时候，着实吓了一大跳。以往我无法说清楚的状况，居然是因为神经过敏，"高敏感"这个新概念让我恍然大悟并深感认同。

这个概念最厉害的地方在于，点出了"这种敏感并非疾病，也不是障碍，纯粹是天生具有的特质"，就像有人天生跑得很快，有人天生手很巧，有人天生很会唱歌一样，有些人天生就具有特别敏锐的感觉，仅此而已。

在确认"这个概念对于解开孩子们的心理问题将大

有帮助"的想法后，我立刻将其导入诊断确认项目表里，并且开始进行临床研究。同时，在这段时间里，我接触到许多"高敏感族"，从他们身上了解到"原来，高敏感是这样的状况"。

（"障碍"一词，在正式文件里标注病名、诊断名、专业用语时，会以此名词为主，因此本书也采用这个标准记述。不过我本人对"障碍"一词持有负面印象，在非正式场合，习惯标记为"障×"。）

高敏感孩子不为人知的理由

艾伦博士在 2002 年又出版了《孩子，你的敏感我都懂》（*The Highly Sensitive Child*），书中详细说明了高敏感孩子的特征及养育方式，并将其称为"高敏感孩子"（HSC，Highly Sensitive Child）。

因为对高敏感很有兴趣，所以我立刻订购了英文版并且迅速读完。但不知为何，这本书迟迟没有日文翻译版。

直到 2015 年才发行日文版，距离美国出版该书已经过了十三年。换句话说，在此之前日本人并不知道"高敏感孩子"这一名词，即使到了现在，一般人对"高敏感孩子"也不甚熟悉。

与此同时，开始有一些高敏感族以个人体验，出版了各种与高敏感有关的著作，大众才逐渐了解这个族群。高敏感是与生俱来的特质，这类人从婴儿时期开始就很敏感，但后来的生长环境如何看待这种特质，将大大影响他们的生活。所以，我才认为有必要正视高敏感的孩子。

孩子不懂表达自己的痛苦

我从 2008 年开始增设成人门诊，因为以往只要提到"发展障碍"，都会认为那是儿童才有的问题，其实很多人只是在儿童时期没被发现，长大后才被诊断出是神经发展障碍症，因此有越来越多的成人怀疑自己"是不是发展障碍"而来求诊。

事实上，我也是因为开始帮成人诊疗后，才对高敏感孩子有了更进一步的了解。

因为孩子不太能表达自己的痛苦，即使懂得说出"声音太吵受不了""光线很刺眼""味道好臭啊""不喜欢摸起来刺刺的"等令人不舒服的感觉，却没有足够精准的语言表达能力，能向大人传达他们心理上的不悦、害怕、焦虑等情绪，以及这些情绪的细微差异。

尤其是高敏感孩子，即使把自己感受到的情绪直接说出来了，也常会被周围人说"真是奇怪的小孩""太神经质了""你是不是有问题啊"，导致他们越来越不敢诚实表达自己的感受。所以就精神层面来说，只听他们的描述，也无法明白他们到底有多受伤、多痛苦。但是在与成人患者交谈时，只要我问"你小时候如何呢"，通常都能听到他们回答"我记得好像也是这样""当时我对这件事感觉很不舒服"。

不论是神经发育障碍的孩子还是高敏感孩子，几乎都一样，因为这些成人患者愿意描述孩提时代的情形给我听，才让我对孩子们的状况有了进一步的认识。

成人可以用语言传达自己的情绪，也能主动回避会让他们不舒服的情况，但孩子大多没有这样的能力，所以就会更痛苦，最后只能用身体反应和行为来表达自己的感受。有些孩子可能只懂得用闹别扭的方式表达他的不愉快或不舒服，所以身为大人更有必要主动去察觉、支持这样的孩子。

高敏感孩子与高敏感族，都不是病

有一位妈妈因为孩子很敏感，于是带孩子去医院求诊，结果被诊断出"有可能患有泛自闭症[1]"。这位妈妈因为对这个诊断有疑虑，于是写信来问我。

"我查了许多有关泛自闭症的资料，就过度敏感这一点来说，确实符合我小孩的情形，但其他症状就完全不是这个样子，我对诊断结果产生了怀疑，而且那位医生完全没提到高敏感的问题。"

我不难想象这种情形有多普遍。

在泛自闭症里，有些人拥有过度敏感的症状，若只看这个症状，确实很容易与高敏感孩子混淆。但就如这位妈妈所发现的，若能同时观察其他症状，自然能明白孩子到底是不是泛自闭症。

麻烦的是，高敏感族和高敏感孩子既非病名，也不是诊断名，这纯粹是心理学和社会学的定义，在医学上没有这样的概念。因此就算去精神科、神经科、心理科求诊，也不会被诊断为高敏感族或高敏感孩子，有些医

1　泛指自闭症、亚斯伯格综合征、广泛性发展障碍等症状，现在统称为"泛自闭症"。

生甚至没听过这些概念。即使明白有这个概念，很多人也不认为这是造成患者生活痛苦的原因。我在进行心理诊疗时，一向以积极导入有效的思维为方针，并且努力观察患者的大脑及身心灵，进行综合性诊断，因此我认为高敏感是一个非常重要的概念。只可惜在现实中，会像我这样告诉患者"啊！你是高敏感族啦""你的孩子是高敏感孩子呢"的医生只有极少数。

尤其在面对类似神经发展障碍，夹杂多种要素的患者时，我们有必要进一步理解高敏感族和高敏感孩子。但在一切讲求证据的医学和心理学领域，这个主张迟迟不被理解。也因为这样，我曾被提醒："医生，您老说这种话，小心在学会里待不下去。"

就现况来说，对高敏感族和高敏感孩子有所理解的临床医生还很少，未来恐怕也不易增加。

每五个人中就有一个人具有高敏感特质

高敏感族和高敏感孩子既不是疾病也不是障碍，而是当事人天生具有的特质，而且根据艾伦博士的说法，不分人种，基本的发生率约为 15%～20%。假设一个班级里有三十名学生的话，其中有五六人就可能是高敏感孩子，其实不算少数。

但我们身处的社会通常会以其他八成的多数人为主，所以对高敏感的人来说，往往不容易适应，也会过得很辛苦。虽然五个人中就有一个人的比例并不小，但可惜社会对高敏感族的理解度还很低。

如果妈妈本身也是高敏感族，或许比较容易察觉"啊，这孩子好像也是高敏感型"；但若妈妈不是高敏感族，自然很难理解为什么自己的孩子会有这种反应，甚至有可能认为自己的孩子"很难养""很难搞""很任性"。不仅如此，许多高敏感孩子甚至会敏感地感应到周遭人的情绪，反而自责自己没能回应妈妈的期待，导致内心更加痛苦。例如我看到过很多被大家称赞"你是个好孩子"的小孩，在长期压抑自己情绪的情况下身心失衡，结果身体出问题，逃避上学，甚至出现"自己不再是自己"的意识解离症状。为了避免孩子将天生高敏感的特质当作坏事而烦恼，一定要多注意孩子们的成长环境。

若能在孩子还小时，就以适当的态度面对他们的高敏感，自然能避免孩子因此产生负面情绪，毕竟孩子天生就比成人细腻，让这个特质变成优点还是缺点，完全看孩子的成长过程。

艾伦博士说过："与其长大成人后再去抚平过去的伤痕，不如趁孩子还小时就想办法预防问题发生，这样做势必简单许多。"所以大人们有必要尽早察觉，并接受这种特质是"孩子的特色"。

将心思细腻的特质培养成优点

我始终认为不该将高敏感特质看成负面因素，应该把它看成"敏感力""心思细腻"之类的正向能力。

高敏感孩子确实容易对芝麻小事在意，导致神经紧绷而感到压力，最后甚至会让身心失衡。但他们也确实因为这种心思细腻的特质而显得特别细心，对他人拥有较强的同理心，这也是高敏感孩子和高敏感族的一大优点。事实上，有很多人因为活用这种丰富纤细的敏锐度，在社会上有活跃表现，处处显示只要好好发展这项特质，就能将它变成人生的一大优点。

希望大家对高敏感孩子能多一些理解，不要把拥有敏锐感觉的孩子视为"敏感得让人困扰"的麻烦存在，而要将其视为"因为心思细腻才值得依靠"的重要存在。

　　若能对高敏感孩子有进一步的理解，明白什么样的环境适合他们，如何对他们表达情感，不仅能减少高敏感孩子的痛苦，也能将高敏感孩子原有的敏感特质培养成对人生有益的优点。

　　究竟应该将天生比他人敏感的特质看成正向能力并且乐在其中，还是把它当作导致生活痛苦的元凶而苦恼不已，成长环境绝对有着莫大的影响力，这一点不仅艾伦博士提及过，我自己也从临床经验得到验证。

　　由衷希望本书能给正在与高敏感孩子对抗、奋战的父母和老师们，提供消除烦恼的指示，减缓孩子心灵的痛苦。

高敏感孩子测验表

请认真回答以下问题，如果描述符合或者基本符合你孩子的情况，请选择"是"；如果不完全符合或者不符合，请选择"否"。

1	容易受到惊吓	是 ☐ 否 ☐
2	经常抱怨衣服刺痒， 袜子接头或者衣服商标扎人	是 ☐ 否 ☐
3	不是很喜欢太大的惊喜	是 ☐ 否 ☐
4	对他而言， 温柔的指正比严厉的惩罚更有用	是 ☐ 否 ☐
5	很体谅父母的心情	是 ☐ 否 ☐
6	会使用比自己年龄成熟的词语	是 ☐ 否 ☐
7	会注意到那些细微的、不易察觉的气味	是 ☐ 否 ☐
8	具有幽默感	是 ☐ 否 ☐

9	直觉很敏锐	是 ☐ 否 ☐
10	如果白天太兴奋，晚上就很难入睡	是 ☐ 否 ☐
11	遇到重大变化后很难适应	是 ☐ 否 ☐
12	爱问问题	是 ☐ 否 ☐
13	衣服如果湿了或者进了沙子，就想换衣服	是 ☐ 否 ☐
14	是完美主义者	是 ☐ 否 ☐
15	会注意到他人的痛苦	是 ☐ 否 ☐
16	喜欢安静地玩耍	是 ☐ 否 ☐
17	会问具有深度、思想激进的问题	是 ☐ 否 ☐
18	对疼痛非常敏感	是 ☐ 否 ☐
19	对嘈杂的环境会感到烦躁	是 ☐ 否 ☐

20	关注细节 （如注意物品位置的变动，懂得察言观色）	是 ☐　否 ☐
21	做事比较谨慎	是 ☐　否 ☐
22	只有在熟人面前才能顺畅地表达	是 ☐　否 ☐
23	对事物有深刻的感受	是 ☐　否 ☐

得分

　　如果以上描述中有 13 条以上你选择了"是"，那么你的孩子就有很大的可能是高敏感孩子；如果你只选择了一两项"是"，但其敏感程度极高，那么你的孩子也有可能是高敏感孩子。

（出自《高敏感孩子：孩子们就像托盘上的颜料一样，个性多彩多样》，伊莱恩·艾伦著，明桥大二译，1 万年堂出版）

Chapter 01

你对高敏感孩子熟悉吗

Chapter 02

儿童精神科医生
给你的高敏感孩子养育建议

Chapter 03

因为高敏感而痛苦的孩子们

Chapter

高敏感孩子家长该做的事

Chapter 05

将高敏感化为"优点"

Chapter 01

你对高敏感孩子
熟悉吗

《Ψ》 爱哭的婴儿就是高敏感孩子?

多数妈妈第一次觉得"我的孩子会不会太敏感了", 通常都是因为孩子不易睡着、拼命哭。虽然小孩夜哭是常有的事, 但妈妈们常因此睡眠不足, 累积过多疲劳而痛苦不堪。

◆ 抱在怀里就不哭, 也会乖乖地睡觉; 但是只要一放回床上, 就立刻号啕大哭。最后没办法, 只好抱着他一起睡。

◆ 婴儿期每天晚上都哭, 我简直就是活在地狱里。每隔一小时、一个半小时就哭, 每晚都要被吵醒五六次, 根本没办法好好睡觉。大概是因为这样, 气色才变得很差吧。带孩子复诊时, 还被问"这位妈妈你能好好睡吗? 你还好吧", 让我忍不住掉眼泪。

◆ 每次哭都要哭个一小时，真的很烦，最后总会忍
不住大声骂他，然后我又会后悔。好羡慕那些说
"我的小孩好好带，只有不舒服时才会哭"的妈
妈……上天太不公平了。

比起不会夜哭的孩子，会夜哭的孩子应该比较敏感。
只是有这样的表现到底是因为哪方面的问题，必须从各
种角度去思考才有办法知道。

婴儿会哭，是因为有某些状况让他焦虑、不舒服，
所以不妨先设想孩子确实拥有某种程度的敏感，再去做
一些变化尝试，从中找出怎么做才能减缓他的焦虑。例
如避免某种声音，不要让刺眼光线照过来，将衣服和寝
具换成触感比较好的材质，等等，时间久了自然能渐渐
明白自己的孩子对什么事容易产生反应。

一旦想着"我的小孩好难带""好难照顾"，思绪自
然会朝这个方向发展，进而感叹"又来了""到底要我
怎么做你才能不哭""饶了我好不好"。当累积过多疲劳
时，情绪上当然会有压力，此时不妨打开窗户，呼吸新
鲜空气，等心情平复后再告诉孩子："别担心，妈妈会一

直陪着你。""不用怕，不要哭。"站在孩子的立场来面对他们。

　　提出高敏感族与高敏感孩子的艾伦博士在她的著作里提到，不仅自己是高敏感族，她的儿子也是高敏感孩子，儿子晚上常常哭闹不睡，让她非常困扰。后来她想到一个方法——为儿子特制一个小帐篷。

　　只要进入这个帐篷，就不会听见外面的杂音，也不会有刺眼的光线，盖在身上的棉被有固定的图案，而且不论去哪里，一定会让她儿子带着这个帐篷，结果她儿子到哪儿都能安稳入睡。简单地说，她为儿子准备了一个随时都能感觉到"这里很安全""这里没问题"的地方。据说她儿子在满三岁睡普通床之前，一直很依赖这个帐篷。

　　有趣的是，据说她儿子在上大学后开始设计自己的家时，在房间里摆放了睡觉专用的帐篷。或许对他来说，帐篷已成为一个可以保证安稳睡眠的堡垒。

（（Ψ）） 高敏感孩子的四个特性

在《孩子，你的敏感我都懂》日文版的书末，收录了艾伦博士最新的见解。她提到关于高敏感的研究，在近十年有了相当大的进展；尤其是艾伦博士整理出高敏感族和高敏感孩子的四个特征，非常值得参考，下面会介绍这段内容。

比一般人更敏感的人都拥有这四个特征，所以若不符合这四点，应该就不具有这里所说的"高敏感"的特质。而这四个特征如下：

D（深度处理：Depth of processing）

O（容易过度接受刺激：being easily Overstimulated）

E（情绪反应大，同理心很强：being both Emotionally

reactive generally and having high Empathy in particular）

S（能敏锐察觉细微刺激：being aware of Subtle Stimuli）

请牢牢记住这四个特征。

——《孩子，你的敏感我都懂》日文版

研究长达二十年的艾伦博士断言符合这四个特征才是高敏感族和高敏感孩子，而这也是她对高敏感族和高敏感孩子的看法及定义。

以下便融入我的理解来说明这四项特征。

（1）深度处理（D）

容易过度接受刺激，能敏锐察觉细微变化，上述内容相信大家都能理解。但其实高敏感孩子会比一般人更"深度"地处理这些信息。

最常见的特征如下：

- 会提出逼近核心的尖锐问题。
- 会似懂非懂地使用大人们说过的话，完全不符合自己的年龄。
- 有幽默感。

- 会去思考各种可能性而慎重行事，因此迟迟无法做决定。
- 会仔细观察后再思考，因此会花费较多时间才采取实际行动。

迟迟无法做决定、感觉困惑的表现，常被视为"胆小""内向""优柔寡断"，但其实是因为他们在心里做着深度处理，所以才会有这种外在表现。

最近甚至有研究得出下列结论。

关于高敏感族深度处理的特质，有一项最新的资讯。Jagiellowicz 等人曾利用功能性磁共振成像（fMRI）研究人类大脑的活动情况，并将两张只有细微不同的照片展示给实验对象看。结果发现相对于一般人只会观察表面的特征，高敏感族更会观察复杂的特征与细节部分，而且这时候其大脑的运作更活跃。简单地说，就是高敏感族的大脑比一般人会更"深度"处理精密信息。

——《孩子，你的敏感我都懂》日文版

我在为高敏感族和高敏感孩子诊察时，也发现他们大脑读取表情等信息的处理能力很强。

（2）容易过度接受刺激（O）

我常常用渔网来说明敏感的人接受到大量刺激时的状态——网眼越大，小鱼越容易溜走。偏偏对敏感的人来说，网眼非常小，不仅会网住小鱼，还会网住其他东西，导致渔网越来越重，收网的时候当然会累到不行。

这就是过度接受刺激的状态，身体和精神都承受着过重的负荷，所以才会比一般人更容易感到疲劳。

> 德国学者弗里德里希·格斯滕贝格（Friedrich Gerstenberg）曾研究过高敏感族容易过度接受刺激的情形。研究中，他让被实验者观看电脑屏幕上出现的各种不同方向的L字母，然后判断中间是否夹杂T字母。这是让实验对象进行有点难度的认知作业，借以做出比较。结果发现高敏感族比一般人能在更短时间内做出正确判断，但完成后的疲惫感也比一般人强。
>
> ——《孩子，你的敏感我都懂》日文版

即使是为了取悦高敏感族而安排活动或带他们外出，他们也会因为疲惫而逐渐失去精力，最后甚至要求"回家"，这是高敏感族的一大特征——并非不快乐，纯粹是过度接受刺激而疲惫不堪。其他还有下列特征：

- 过度兴奋后，当天晚上会睡不着。
- 很怕痛。
- 会过度在意天气的冷热、弄脏的手脚、湿掉的衣服、不合脚的鞋子等。
- 很怕别人给他的惊喜。
- 受人瞩目或被检测实力时，就无法发挥应有的实力。

（3）情绪反应大，同理心很强（E）

高敏感孩子不只对事物很敏感，对情绪反应一样敏感，所以爱哭、容易被吓到、容易害怕，甚至闹别扭。这都是因他们的情绪起伏比一般人来得激烈所致；而且这种敏感反应不只针对自己，也会对他人产生反应。

曾有一位妈妈告诉我，她三岁大的儿子会把眼镜拿给她，还对她说："妈妈，你在找这个吧？"她吓了一跳，赶紧问儿子："你在哪里找到的？你怎么知道妈妈在找眼镜？"结果儿子回答她："我看到你一边打扫，一边东张西望，就想妈妈应该是在找眼镜。"高敏感的孩子就是有办法观察他人，察觉对方在想什么。

这种小地方能如此贴心，是非常美好的事；偏偏这样的孩子对悲伤与焦虑等情绪的感受，同样比其他人强。

◆ 他在旁边看到我骂哥哥，居然就哭了，真是莫名其妙。被骂的人没哭，他反而哭了？

◆ 因为爷爷生病，我心想这可能是最后一面了，便带着孩子一起去医院探望。之前也去看过爷爷，当时都没事，这次他似乎感觉到紧张的气氛，一靠近病房就全身定住，一直到最后都没走进去。

◆ 家里的宠物过世让孩子很难过，即使已经过了好几个月，孩子还老是哭。

临终关怀医生森津纯子，将高敏感族这种高同理心比喻为"音叉"。

　　无论是谁，每个人心里都有"能对他人情绪产生共鸣的音叉"，只是这种音叉的数量、大小和功能会因人而异；如果一般人对开心、悲伤、快乐、害怕等情绪的反应为十支小音叉，那么感觉丰富的人就拥有约一千支到一万支大音叉。

——《正视孩子心里的烦恼》

　　每个人身体里面能产生共鸣的音叉数量都不一样，把这样的思考模式套在理解高敏感族和高敏感孩子身上，就会非常容易理解。

（4）能敏锐察觉细微刺激（S）

第四个特征是容易敏锐察觉细微刺激，包括细微的声音、淡淡的气味、隐约的口味差异、人与物的细微变化等一般人不太会注意到的小细节，这种被大家视为"没什么了不起"而容易忽略的芝麻小事，高敏感孩子都会很在意。

关于这一点，艾伦博士说："有些人的知觉器官特别发达，但他们多数都不是因为知觉器官反应过度，而是思考和情绪的程度太高，才会察觉到细节部分。这也是和处理信息的深度做区别时，很难分辨清楚的地方。"

很多妈妈在日常生活中，经常看到高敏感孩子对芝麻小事产生敏锐的反应。

- ◆ 我家小孩对于常吃的食物，口味上非常敏感。前阵子他吃了一口煎蛋就喊"好难吃"。辛苦做的食物被孩子嫌弃，真的很让人沮丧。
- ◆ 洗完澡后，如果不是他惯用的毛巾，他绝对不会用。就算给他一条新的毛巾，他也会全身湿答答地大吵："我要原来那条！"
- ◆ 我换了一个新的沐浴海绵，结果小孩直喊"好痛"，根本不用。可是旧的已经丢掉了，很想叫他别太夸张。

◆ 我们家的衣服都要把标签剪掉，因为小孩说刺刺的会痛；如果没有剪干净，好像更会刺激他的皮肤。再好的名牌衣服，到了我家连牌子都没有。

◆ 我家小孩对气味很敏感，即使在商店或公共交通工具里，照样会大声嚷嚷"好臭，好臭"，还一副快吐了的样子，让我深感困扰。

其他还有对食物里的化学成分有反应，或对药物敏感，只要照处方笺上的指示服药，药效就会过强，等等，这些都是高敏感孩子的特征。照顾高敏感孩子真的很辛苦，但有时也会有另一面。

◆ 每次我去弄头发回来，儿子总是比丈夫早一步察觉到我的发型变了，还会对我说："妈妈，你这样很好看。"

◆ 只要看到我们夫妻快吵架了，孩子就会哭着说："爸爸，你不要欺负妈妈……"多亏了他，我们夫妻才会因此停止争吵，也体会到什么叫"孩子是家庭生活的润滑剂"。

参考《正视孩子心里的烦恼》(森津纯子著)

((Y)) 高敏感孩子不一定内向

感觉敏锐的人，很容易给人一种"内向消极""神经质""芝麻小事也会在意"的印象，但其实不见得如此。事实上，有些人是高感觉寻求者（High Sensation Seeking, HSS），喜欢追求刺激。

其特征如下：

- 好奇心旺盛，喜欢新事物。
- 喜欢冒险与追求刺激。
- 不喜欢无所事事。

一般认为在所有高敏感族当中，内向型的大约占七成，外向型的占三成。高感觉寻求者乍看似乎和高敏感族正好相反，但其实也有人是同时拥有这两个面向，尤其是大人，在人前会表现出高感觉寻求的一面，但是一人独处时就会恢复原本的高敏感特质。

不过，孩子正好相反，在外面会表现出高敏感的特质，回到家后，反而会因为放松而变成高感觉寻求者。

我认为与其在意"孩子是不是高敏感孩子"，不如多去观察孩子对刺激的反应，以确认他们的高敏感因素、高感觉寻求因素占多大比例，这样更有助于理解孩子。

依特质的表现方式，会有下列不同类别：

A 型 [HSP（＋）/ HSS（＋）]

- 容易激动。

- 容易被吓到。

- 喜新厌旧。

- 会追求新体验，但不喜欢冒险。

B 型 [HSP（-）/ HSS（＋）]

- 充满好奇心，很有干劲。

- 比较冲动，动不动就想冒险。

- 容易感到无聊。

- 对细微状况不太注意，也没兴趣。

C 型 [HSP（＋）/ HSS（-）]

- 懂得自省，且喜欢安静的生活。

- 不做冲动的事。

- 不冒险。

D 型 [HSP（-）/ HSS（-）]

- 好奇心较低。

- 非自省的人。

- 不太深思熟虑，只是平淡地过生活。

简单地说，高敏感倾向与高感觉寻求倾向都较低时，好奇心也会较低，也不太会深思熟虑，属于无趣的人。由此可见，高敏感其实也是一种魅力。

高敏感与高感觉寻求的四种类别

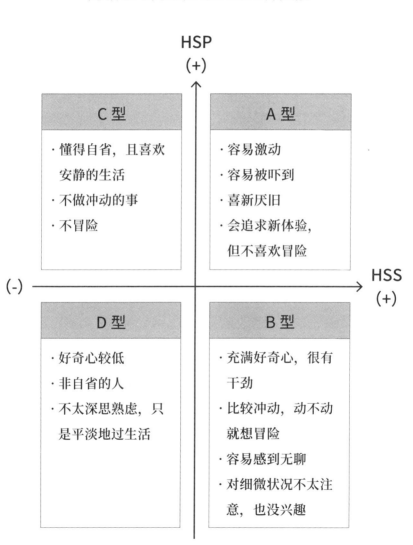

HSP
(+)

C 型

· 懂得自省，且喜欢
　安静的生活
· 不做冲动的事
· 不冒险

A 型

· 容易激动
· 容易被吓到
· 喜新厌旧
· 会追求新体验，
　但不喜欢冒险

(-) ——————————————→ HSS
(+)

D 型

· 好奇心较低
· 非自省的人
· 不太深思熟虑，只
　是平淡地过生活

B 型

· 充满好奇心，很有
　干劲
· 比较冲动，动不动
　就想冒险
· 容易感到无聊
· 对细微状况不太注
　意，也没兴趣

(-)

焦虑回路越强，越容易负面思考

如果用大脑神经回路来比喻高敏感度与高感觉寻求度，可以分别用"焦虑回路"与"干劲回路"来形容。

人类的大脑拥有激发好奇心、下令要自己动起来的"行为激发系统"（冒险系统），以及就后续应该采取什么行动，会注意各种信息以避开危险的"行为抑制系统"（预防系统）。

行为激发系统就像是踩油门，行为抑制系统就像是踩刹车。换句话说，行为激发系统是干劲回路，行为抑制系统是焦虑回路。

行为激发系统的信号来自 A10 神经群，而行为抑制系统的信号则来自杏仁核。因为杏仁核是警戒装置，会使信息内容发出"这个有危险""这个有问题，要小心"等信号，但这种警戒信号若是出现得太过频繁，就很容易引发强烈的焦虑与恐惧，不只行为上会束手束脚，还会出现负面思考。

《晴天大脑，雨天大脑》（Rainy Brain, Sunny Brain）一书便将此分别称为"晴天大脑"与"雨天大脑"，亦即凡事都往好的方面思考的乐观脑，以及凡事都往坏的方面思考的悲观脑。

我认为高敏感孩子就是这种焦虑回路特别强的小孩，也因为焦虑回路总是太过头，才让他们容易出现负面思考。当这种情形越发严重时，孩子会出现严重自责，对自己无法顺利完成的事，无法回应大人期待的结果，看得比实际情形还严重，因此会强烈地责备自己，也会非常沮丧。例如被骂时，他们的思考回路会陷入"妈妈一定是很讨厌我这样，才会这么生气，我是个没用的小孩"。或在学校被霸凌时，也会认为"谁叫我是这样的人，才会被欺负"。

但话说回来，若这种抑制系统没有发挥作用也会令人困扰，焦虑回路太弱，也是一大问题。为了确认焦虑回路的信号来源——杏仁核遭受破坏时会有什么样的后

果，曾有个用猴子进行的实验发现，原本对蛇十分惧怕
的猴子，居然毫无所惧地吃起蛇来，因为猴子已经失去
恐惧心和焦虑感。由此可见，不懂得恐惧也会引发问题。
最重要的还是平衡，所以焦虑回路较强的孩子，绝对需
要一定的干劲回路。

((Ψ)) 从大脑来诊察发展情形

　　我在成为精神科医生，实际进行临床诊疗之前，曾有一段时间研究过人体的神经。当时我刚从北海道大学医学系毕业，进入脑外科部门服务，但实际去研修学习后，发现自己的个性并不适合从事脑外科方面的工作，于是转攻神经内科；加上当时我对感觉运动障碍很感兴趣，所以又去研究"感觉统合疗法"。

　　接着又在北海道大学研究所参与突触生化学的基础研究，但最后不得不做出决定——是要一生投入研究领域，还是选择成为临床医生？思考之余，我决定转向治疗障碍儿，因此成为儿童精神科医生。之后我便一直致力于以儿童发展障碍问题为主的精神医学，加上过去的经历，让我能够站在"从脑诊察"的立场来看待儿童发展障碍问题。

大脑的六个部位

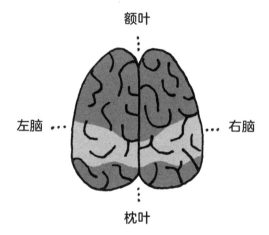

额叶

左脑　·　·　·　　·　·　·　右脑

枕叶

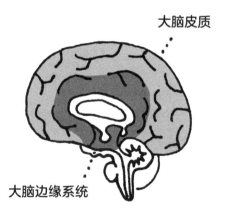

大脑皮质

大脑边缘系统

以往在治疗发展障碍时，都只能从患者的行为特征来诊察；今日多亏脑科学的发达，已经有办法同时从脑的角度来思考。

我将脑分为六个部位进行探讨，分别是右脑与左脑、额叶与枕叶，以及从侧面观察脑时，上面的大脑皮质与下面的大脑边缘系统。

我会依据"这六个部位各自的活化度如何""前后、左右、上下之间是否均衡""各部位之间是否顺利联结"这三个重点，思考各部位的活化度与彼此间的均衡及联结情形。其中最重要的是各部位之间的联结情形，基本上会在成长过程中，逐渐形成一个非常精密的联结网。

大家是否清楚脑是如何发展的？

原则上，脑是由下往上、由右往左、由后往前、由内往外逐渐发展的。

发展初期若旧脑出现异常，不只会影响该部位，更会让彼此间的均衡与联结出现"偏差"，进而影响整个大脑，最终影响左额叶的发展。一般认为这也是造成广泛性发展障碍的原因。遗传基因的问题、在妈妈肚子里成长时的问题、出生时的问题等，都是阻碍脑部发展联结网的可能原因。

((ψ)) 发展障碍就像高速公路大塞车

　　大脑里有许多由无数脑神经细胞纵横联结而成的联结网（神经网络），信息都会在这里来来去去，并且被高速处理着。此时动用到的不是部分的脑，而是整个大脑，这样我们才有办法处理复杂的事；若因故造成这个联结网功能变差，我们就无法快速处理复杂的事。

　　不妨将大脑里高速处理信息的联结网，想象成贯穿全国的道路交通网，既有能一路开到底的高速公路，也有市区里的大小马路。假设这时候高速公路不通，想去远处就会很费时间，虽然还是可以抵达目的地，但是相对得花更多的时间。这种情形被称为"信息处理过慢"，也是泛自闭症的特征之一。

　　神经发展障碍是大脑的某个部位没能发挥正常作用，

造成当事人出现许多擅长与不擅长的事；而神经系统的联结网功能不佳时，也会引发这种情形。事实上，这种情形不只来自神经发展障碍，失智症与统合失调症以及脑高级功能障碍，也有可能引发同样的情形。

其实在大脑的发展过程中，即使某个部位受损，其他神经回路也会为了弥补其缺点，发挥代偿作用，例如大脑的左侧比较弱，右侧就会变强；前面比较弱时，后面就会变强；上面比较弱，下面就会变强。如同高速公路堵车时，就需要借助其他公路帮忙疏通。所以，我们不妨认为，所谓障碍并非只有功能受损，并非只有凹的状态，而是有凹也有凸。

（Ψ）为什么泛自闭症男孩比较多

　　既然谈到脑功能与神经发展障碍的话题，就顺便探讨一下为什么自闭症以男孩居多。

　　据统计，自闭症的男女比例为 8:2，男孩显然比女孩多上许多，最大特征是负责语言的左脑比较弱。

　　有个可能的原因，是因为雄性激素的影响。这是大约十五年前，由英国心理学家西蒙·巴伦-科恩（Simon Baron-Cohen）提出的学说。他主张胎儿在妈妈体内时，会有一段"接收雄性激素时期"吸收睾酮（雄性激素），因此逐渐发展出男性生殖器；但雄性激素是阻碍大脑发育的因子，所以才会造成左脑的语言功能发展变弱。

　　反观雌性激素，因为具有较强的促进神经发育作用，所以女孩的左脑发育没有受到阻碍，语言能力才会比男孩强。不过泛自闭症当中的亚斯伯格综合征，有左脑语言功能较强的特征，因此也有不少女孩，在比例上几乎是男女相同。

　　不受接收雄性激素时期影响的女性，大脑左半球的发育比较好，因此多数女性的语言能力都很强；而男性则因语言能力较弱，所以较多说话笨拙的人，这也是两性之间的特征差异。

《Ψ》 高敏感孩子与泛自闭症

回到高敏感孩子的话题。艾伦博士认为，高敏感族和高敏感孩子在学术上属于感觉处理敏感（Sensory processing sensitivity），和感觉处理障碍（Sensory processing disorder）及感觉统合障碍（Sensory integration disorder）是不同的。

以泛自闭症来说，有可能对感觉处理过剩的情形产生反应，但也有可能不会有反应。自闭症的人似乎很难区分该注意什么，不需要注意什么，因此在和人说话时，比起对方的脸，他们往往会更注意对方的鞋子。但是相较之下，高敏感族还会为了社交礼仪去注意对方的脸。若无法分类信息，全部都接收的话，孩子当然会因过度刺激而被吓到，所以泛自闭症者对自己执着的事，不论多细小都能快速地察觉到；但是在必须与人相处的社交生活中，常会把注意力放在不相干的地方。

　　——《孩子，你的敏感我都懂》日文版

　　如这段文章所述，泛自闭症对具有象征社交意义的事物理解力较低；但高敏感孩子和高敏感族在这方面就比较没有问题，因为他们的同理心很强，这也是关键的差异所在。

　　神经发展障碍里的"感觉统合失调"症状，是指因视觉、触觉、听觉、嗅觉、味觉这五感，以及前庭觉（感受身体活动、平衡、速度的感觉）、本体觉（感受手脚活动、肌肉伸缩、力道加减的感觉）七种身体感觉的刺激反应及主动、被动的不同，导致出现没有感觉或过度感觉、过度追求或过度回避的调节障碍，需通过感觉统合检查分辨清楚，再利用感觉运动疗法来改善。

　　因此，高敏感族和高敏感孩子对刺激的过度反应较强时，亦即具有容易过度接受刺激、能敏锐察觉细微刺激、深度处理、整体来说情绪反应大等特征时，处理的感觉种类及反应内容都会不同。

((Ʊ)) 无法解释的过度敏感

　　高敏感孩子心思细腻的特质很容易和泛自闭症的过度敏感混在一起，有时甚至会因此误诊。我有一位患者非常敏感，我常对他说"你是高敏感族而且有解离症状[1]"，但他说他之前被诊断为统合失调症。然而他其实心思非常细腻，很容易因此疲惫，无法和一般人一样去上班工作。但他拥有很强的同理心，也拥有足够的社交能力。

　　高敏感孩子之所以会被认为是泛自闭症、过动症、统合失调症，其中一个原因是他们被发现出现幻觉、注意力不足等解离症状，以及种种过度敏感的表现。

1　解离症状，是指在严重压力下，记忆、自我意识或认知状况出现异常。

我在疗育中心服务时，学会了用来治疗发展障碍的感觉统合疗法。如前所述，患者是否有感觉统合障碍，可以通过观察行动和运动能力来确认五感（视觉、触觉、听觉、嗅觉、味觉）以及前庭觉、本体觉等七种感觉，但说穿了，只有五感和身体感觉能用来判断而已。

　　医学负责判断神经发展障碍症里的五感与身体感觉统合异常时，患者会做出什么行为。这点虽然很切实际也很重要，但只以科学能验证的观点来判断，恐怕很难理解当事人真正的感觉与痛苦。

　　实际上，人类的敏感表现，除了有对情绪和疼痛的敏感，也有肉眼看不见，属于各种五感和身体感觉以外的敏感。只是以往的医学都不曾正视这个问题，因此看到患者有很强的同理心时，会刻意回避判断到底是泛自闭症还是高敏感孩子，以免误诊。就在我对这一点产生疑问时，正好看到艾伦博士提出的高敏感族概念，她的"除五感外还有其他许多敏感表现"的观点，让我深有同感，频频点头认同。

　　感觉统合疗法的观点，非常有助于理解神经发展障碍症的孩子，但我们仍需要仔细思考除此之外的其他感觉问题。

　　高敏感孩子的感觉统合并非真的失调，纯粹是被过度的感觉刺激惊吓到了，因此疲惫不堪。对这样的孩子来说，重要的是帮助他们减少接收的信息，多为他们制造能安静独处的空间与时间。

　　高敏感是当事人与生俱来的特质，既非疾病也非障碍，因为此特质而培养出来的个性和人格也各有不同，并非能治疗或改变的东西，必须认真思考如何与此天生特质好好相处。例如有些人天生结肠就没被固定在后腹膜上，导致肠子下垂到下腹部。有这样问题的人并不少见，而且他们很容易便秘，即使吃了泻药也不一定有效果，只能多注意饮食生活并勤做肠道运动。由此可见，每个人都天生有某些特质，必须设法与这些特质和平相处。

((Y)) 高敏感孩子中有障碍儿，
也有非障碍儿

　　我并不是说泛自闭症（ASD[1]）的过度敏感与高敏感孩子的敏感完全没有关系，因为这两者当中确实有些地方是一样的。

　　曾经有一位妈妈带孩子来医院求诊，说她孩子被诊断为泛自闭症。

　　当时，那位妈妈说："医生，我明白这孩子有障碍，但过度敏感似乎让他很痛苦，我该怎么面对他的高敏感才好，请教教我。"她的孩子在五感方面确实有许多敏感

1　ASD，过去被称为"自闭症"（autism），但现在已改名为 autism spectrum disorder。主要是为了呈现自闭症本身的多元性。

的表现，但值得注意的是，除了五感外，这孩子还有其他敏感表现。通常泛自闭症很怕与人交流，外在表现上会比较我行我素，对别人的事都不感兴趣，但她的孩子很在意周遭的人。

于是我告诉她："你的孩子是泛自闭症，也是高敏感孩子。"因为她孩子的敏感表现与泛自闭症的过度敏感非常不同。

我在疗育中心服务时，曾经针对五百名十五岁以下来求诊的神经发展障碍症儿童，就他们是否有超感觉以及发生时期，以问诊项目一览表方式，请同来的父母帮忙填写。结果发现有44%的小孩在幼儿期，是父母眼里那种"懂得看人脸色"的小孩，有22%的小孩让父母感觉"这孩子似乎能看见我们看不见的东西"，还有约20%的小孩"还拥有出生时与婴儿期的记忆""对大自然有强烈的感性"，另外有3%~5%的小孩同时拥有前述的多种超感觉。

由此可见，高敏感族并不是疾病，更不是一种障碍。

《ᛩ》某些孩子确实拥有不可思议的能力

高敏感族和高敏感孩子当中，确实有些人拥有现代科学无法解释的、非常不可思议的感觉及能力。例如有些小孩或大人会说还记得胎儿时期的事，讲些所谓"胎内记忆"的事，其中以小学一二年级的孩子居多。

有些妈妈会因此对医生表示"这孩子老说这种话"，压根儿不相信的样子。但其实孩子并没有说谎，因为的确有些小孩拥有这部分的感觉与记忆。甚至有孩子在妈妈怀孕但还不清楚胎儿性别时，就可以准确猜中"妈妈肚子里的宝宝是妹妹"。

会把这些判定为神经过敏引起的高敏感，有个重要理由，就是过于重视这种超感觉了。

精神医学会从症状来定义各种诊断结果，例如"若出现这种症状，那就是××病"。举例来说，在诊断是抑郁症还是统合失调症时，只能从表面的症状来判断，进而下定义。问题是情绪和感觉等深层心理要素一定都有影响，却不会显现在表面症状上，是这些看不见的感觉与情绪在影响当事人的行为。

因此，只治疗表现在外的精神症状，很难改变真正的本质；除非仔细观察更深层的心理、看不见的心理，否则很难正确掌握人们原有的姿态。要同时考量这些症状与言行举止背后的心理要素，就是一般被称为"心灵"的部分。

我认为必须同时从潜藏在深层看不到的心理，以及显现在外的明显症状这两方面来诊察，才有办法看清本质。

((ψ)) 对障碍的看法，全世界都在改变

目前全球使用的国际精神疾病诊断标准，有世界卫生组织（WHO）的国际疾病分类"ICD-10"，以及美国精神医学会（APA）的精神疾病诊断与统计手册"DSM-5"两种。前者于1994年改版，后者于2013年改版。

日文版的DSM-5于2014年6月出版，只是因为将病名加上了"障碍"二字，给儿童及父母造成了很大的冲击，于是将原本翻译为"障碍"的"disorder"改译为"症"；但为避免造成治疗时的混乱，最后决定新旧病名同时并记。

ICD-10即将再度改版为ICD-11，届时也有可能全部都统一标记为"症"，虽然有意见说把"障碍"改为

"症"，有可能引发过度诊断及过度治疗；但也有一派意见认为，比起具有刻板印象的"障碍"，"症"这一词反而更有变化性。

日文版DSM-4里是将"developmental disorder"译为"发展障碍"，后来才在DSM-5里加上"neuro"一词，改译为"神经发展障碍症"。

2005年制定《发展障碍者支援》法时，将"发展障碍"明定为"自闭症、亚斯伯格综合征、其他广泛性发展障碍、学习障碍、注意力不足过动障碍、其他类似的脑功能障碍"。而DSM-5里的"神经发展障碍症"则定义为"泛自闭症、注意力不足过动症、特定学习障碍、运动障碍、沟通障碍及其他"。

小儿科医生惊见聪先生也在他的著作《解开发展障碍之谜》中列出了这些疾病的八项特征：

① 具有一般神经状态的人常见的特征与行为，但是都很极端。

② 该特征与行为常导致社交生活产生困难，却也能成为优点。

③ 一般神经状态的人与具有这些疾患的人之间

没有明确界限，许多人都处在界限边缘。

④ 从陷入严重状态到属于个性的范围都有，变化过程极其多样。

⑤ 严格来说没有治愈法，但有机会逐渐适应社会。

⑥ 引发这些疾病的详细原因至今不明，但可推测多数属于多因子遗传类别。

⑦ 同时受到遗传因素与环境因素的影响。

⑧ 该特征与行为有可能因发展过程而变化，无法断定为某特定障碍。

以往智能障碍是依 IQ 值分类，但 DSM-5 不单纯以 IQ 值判断，而是综合观察学习能力、社交能力、生活自立能力等各方面的具体症状来判断轻重程度，再标记为智能障碍（智能发展障碍 / 智能发展疾患）。

以 IQ 值的分类来说，统计学上只有 2% 的人属于智力不足。或许因为目前的幼儿教育有所进步，最近的调查结果显示，智力障碍儿童减少了 0.8%，但泛自闭症的并发情形增加了。

在我刚开始负责诊疗发展障碍的三十年前，不论是针对大人还是小孩，都没有"发展障碍"这个名词与概念，因此都诊断为"重度障碍导致生活困难的自闭症或智能不足"，以这个名义在治疗孩子们。

后来逐渐增加了智能障碍较轻或过往没有的"多动症""学习障碍""亚斯伯格综合征"等儿童诊断案例，而且从 2000 年开始，一些有发展障碍的大人也开始就医求诊，案例更是越来越多。

由于精神疾病的脑科学研究越来越发达，加上成人的发展障碍逐渐被大家认知，才让发展障碍的定位不再是只有孩童时代才会遭遇的困难，而是精神疾病中脑神经科学异常范围最广的疾病。DSM-5 甚至不再区分年龄层，直接在精神疾病开头说明的地方记载为神经发展障碍症。

里面有一段解说内容：

　　神经发展障碍症是在发育期发生的疾病，尤其是在要进入小学、中学前的发育初期逐渐显现，导致社交、学业或职业等方面因为发展缺陷而出现功能障碍。发展缺陷的范围从控制学习及执行功能等非常特定的障碍，到社会技能与智能等全面性的障碍都有，而且经常并发其他疾病，如泛自闭症者常伴随出现智力障碍（智力发育疾病）的情形；注意力不足多动症（ADHD）的孩子同时有特定学习障碍的问题等。就某些疾病来说，症状不只包括临床上的不足或迟缓，也包括过度的情形，例如出现泛自闭症的特征——欠缺社交沟通能力时，若还出现过度的反复行为、局限的兴趣、同一类行为时，才会被诊断为泛自闭症。

人类的存在超越了大脑与身体，却也同时受限于大脑及身体，简单来说，人类不仅拥有心与魂，也拥有脑与身体。每个人都戴着自己名为心与魂、脑与身体的"眼镜"，在看这个错综复杂、名为"现实"的混沌世界，所以每个人眼里的世界各有不同。每个人都是活在自己的世界里，也活在不同的区域、国家、文化里。少数人被迫接受多数人的思想与感受，承受着极大的同伴压力。尽管现代人主张"发展障碍也是一种异文化"，但同伴压力极强又甚少接触异文化的亚洲人，或许仍不习惯接受异文化。

心理疾病与健康，一般神经状态与发展障碍，不像被河道清楚分开的两岸，而是没有清楚界限地延伸下去。

简单地说，不论有没有发展障碍，我们都活在界限不明的灰色地带；一旦出现混乱，就会从灰色地带被推向疾病与障碍之中。

即使被视为正常的一般人，一旦累积疲劳或经济困顿，或是没有任何人支援，心灵陷入困顿时，也有可能采取非正常的"极端"行为。看似生活正常的一般人，同样拥有疾病或障碍的"种子""嫩芽""倾向"，也会有轻微神经状态的症状，有时还会表现出来。

尽管如此，我们还是不应该轻易说自己了解疾病或障碍，因为这种东西他人很难了解，唯有明白别人有这样的难以了解的"体验"，把它当作异文化给予尊重，才有办法顺利相处下去。

Chapter 02

儿童精神科医生给你的
高敏感孩子养育建议

Q1 孩子无法与外界相处怎么办

▶ 不一定要当个"一般人"

常常有高敏感孩子的父母来问我各式各样的问题，以下我将以个人实际接触的案例为主，分享如何加深对高敏感孩子的理解。

父母为孩子烦恼，很大一部分原因是孩子在面对某些事物时，无法"顺利地"应对；而此时父母的心情，大概会有下面两种：

一种是为孩子"无法像一般人一样做到"感到焦虑，另一种是对"自己也一样不擅长应对"感到焦虑。

"无法像一般人一样做到"，会在生活中出现各种不方便，但所谓的"像一般人"其实也是很主观的概念，往往只适用于某个社会。曾有一家人带着神经发展障碍症的孩子到海外生活后，原本在日本生活时很在意的事，变得完全不在意。所以其实不用要求孩子非得像一般人或是其他人。

另一种情况是，发现孩子也跟自己一样不擅长处理某些事，担心孩子会像自己一样吃苦，认为孩子遗传了自己，钻牛角尖地认为都是因为自己不会才使孩子也这样。相反，或许也有人会认为"我明明就做得来，为什么这孩子就是不行"，然后拼命地想办法要让孩子克服。但这样的父母心，其实是一种"想支配孩子"的心态在作祟，真正重要的是设法成为一个不支配孩子的父母。

别忘了高敏感孩子占了 20% 的人口，每五个孩子中就有一个孩子是高敏感孩子。换句话说，我们可以想成每个孩子有五分之一的几率被上天选中，拥有这样的特质，不同于一般人是很正常的事。

艾伦博士说过："既然身为与众不同的孩子的父母，就得有不同于其他父母的觉悟。"所以别拿自己的孩子与其他孩子比较，要有勇气接受孩子的与众不同。

Q2 这样是高敏感，还是神经发展障碍症

▶ 持续的过度敏感反应，有可能是泛自闭症

- 我家孩子超讨厌水喷到他脸上，每次帮他洗头都像发生大骚动一样。

- 我儿子很怕那种闪烁的灯光和警笛声。人家都说"男生一定喜欢这东西"，但我家孩子就是特别怕消防车、救护车、警车。

- 我家小孩很怕吸尘器、吹风机、厕所的烘手机之类，对各种马达发出的声音，每次都会怕到捂着耳朵蹲下不敢动。

- 我家小孩似乎很讨厌弄脏手，吃饭时只要手稍微沾到番茄酱或任何酱汁，就会立刻大喊"我手脏

了，帮我擦"。下雨天看到地上的水洼，也不会像其他小孩一样跑去踩。他也不爱玩黏土。

虽然无法单纯从这些片面信息来判断，但是五感的过度敏感反应若持续不退，而且感兴趣和关心的对象范围较狭隘，也不容易转移目标，甚至出现反复行为，应该就是泛自闭症的表征，而不单纯是高敏感特质。

以一般神经状态的人来说，即使一开始因吃惊而感到害怕或厌恶，也会随着经验的累积而逐渐习惯。但是泛自闭症的人不一样，他们不会出现感觉的习惯化，可能我们会纳闷"为什么每次都会被吓到，还表现得这么夸张"，但是对当事人来说，每次的体验都像是第一次遇到。

在神经发展障碍症的孩子里，确实不少人有过度敏感的问题，但这不表示所有孩子都有这个问题。我就曾对有某些发展障碍特质的五百名孩子（男女比为 4∶1）做过过度敏感反应的调查。依据他们就诊时所写的确认项目表内容，分析他们前庭觉、触觉、听觉、视觉、嗅觉、味觉以及超感觉（超记忆、直觉、通灵感应、对大自然的感性、特定对象畏惧症）的敏感度，结果发现泛自闭症孩子的过度敏感比例较高，尤其是触觉、听觉、视觉的敏感度更强。

但过度敏感其实也只是发展特质里的一部分。

思考过度敏感问题时，必须一并考虑其他各种要素，毕竟有些孩子是天生具有这种特质，有些是受家庭影响，其中不少还伴随着依附障碍、心理创伤、心灵受伤等问题，甚至与神经发展障碍症有关。所以孩子的过度敏感究竟来自哪里，必须视为精神问题加以多方观察。

之前，日本一位模特儿栗原类在他的著作《有发展障碍的我找到发光的理由》里，提到他八岁住在纽约时，被诊断为注意力缺失症（ADD）。像他这样的泛自闭症者，用自己的话说出自己的痛苦与困难，有助于社会大众了解他们。他在书中写到，听觉敏感也是一种发展特质。

他提到小时候在日本上幼儿园时，最怕听到的是"孩子们'大喊大叫'般的歌声"。幼儿园的教育方针是让孩子们有精神地快乐唱歌，即使音调不准也没关系，但这种声音让他无法承受，因此每到音乐课，他"不是捂住耳朵像乌龟般缩在地上，就是因为听到有如惨叫般的歌声而逃出教室"。从他的叙述中可以清楚得知，每个人都有他害怕的东西。

他还提到，他走路一定要有固定的路线，否则会很焦虑；对物品的摆放位置也很执着。这种害怕新体验的特征，都是泛自闭症的特质，因为他们不擅长面对变化。其他诸如漫不经心、健忘、缺乏情绪表现、脸上毫无表情、不擅长读取人心等都是常见的特征。从他的书中可以清楚知道，过度敏感不过是种种症状里的一项特征。

他的主治医生也在书中提到："以栗原类的情形来说，幸好他在很早的阶段就开始接受诊疗，才有办法及早改善。"

虽然这是神经发展障碍的案例，但我认为高敏感孩子也一样，等到长大成人后才来治愈受伤的身心，是很辛苦的。唯有在孩童时期就掌握孩子的敏感特质，并思考如何面对这样的孩子，才能帮助他们活得更轻松。

Q3 压力反应常出现在皮肤感觉上

▶ **孩子的反应是受精神影响，**
　那他究竟为何焦虑呢？

◆ 我是个妈妈，家里念小学的孩子是高敏感孩子。从小只要衣服的触感让他不舒服，他就会闹别扭不肯穿；但是上小学后，孩子就不太抱怨了。

◆ 我自己小时候很讨厌洗澡，因为热水很烫，洗身体的澡巾也刺刺的不舒服，就连洗过的浴巾都是粗粗的，每次洗澡我都好痛苦。

上述都是"皮肤感觉"的敏感表现，而皮肤感觉是种很重要的感觉。

皮肤敏感的人容易有异位性皮炎问题，一旦罹患异位性皮炎，就会出现瘙痒、碰到东西就会痛等更强烈的敏感反应；而不想被人触碰的感觉，以及不想被人看到的心情，同样会加重敏感反应。泛自闭症者当中也有人是触觉比较敏感，因此常有"淋浴的水会痛""电风扇吹出来的风会痛"的反应。

皮肤是区隔自己与他人的界线，等于是一道屏障，因此对人会感到焦虑或恐惧的孩子，以及不擅长处理人际关系的孩子，多数都有触觉敏感的问题，因为皮肤与神经同样属于外胚层组织，所以反应很类似。

樱美林大学教授山口创先生在他的著作《给孩子一个好个性：从肌肤碰触开始》里，讲了下列一段话。

皮肤的界限感觉太弱时，容易过度受他人影响，导致自己不再是自己，因此出现无法表达自己，随时都在配合他人，持续扮演好孩子的"过度适应"行为。相反，皮肤的界限感觉过强时，会因为过度隔离自己与他人的关系，出现自闭或旁若无人的行为。

有种被称为"恐惧瘫痪反射"的原始反射，是胎儿为了求生所需要的重要功能，有些人在出生后仍保有这项功能，所以会出现感觉、对人敏感、维持姿势能力较弱等发展障碍的情形。身体方面则会因背部僵硬而影响呼吸及视力，最终影响到发育。

胎儿从第五周开始就能感受到母亲的压力，会采取让身体变僵硬来保护自己的恐惧瘫痪反射。这种反射不只会因为疼痛等物理刺激而出现，"气氛"也会是种引发身体僵硬的刺激。当这种反射在出生时未受到整合，出生后依旧保有时，就会影响防御性触觉延迟发育为识别性触觉（积极辨识），导致身体为避开危险而将皮肤功能提升到极限。在这种情况下，由于身体能量都集中到了皮肤上，很难再使用到前庭觉和本体觉等内部感觉，导致深层肌肉变弱，最后变为肌张力低下。当前庭觉、本体觉、触觉（防御）、内脏感觉等潜意识感觉未受整合（敏感或迟钝）时，我们会掌握不了控制身体（维持姿势）与活动身体的方法。"我是谁、我在哪里"的感觉，也就是"自己就是自己"的感觉也会变弱，无法清楚辨识自己与他人之间的界限。

以我的经验来说，只要本体觉（肌肉运动感觉）发达，就能减轻触觉敏感。

发育支援教练灰谷孝先生在他的著作《培育人类脑动作发展与原始反射的成长》里提到，从恐惧瘫痪反射开始的一连串原始反射，会因为经验的累积而"整合"，但它不会消失；因此每当压力再度出现时，我们可以利用反射来克服过去。唯有彻底经历这种原始反射，让这种原始反射"毕业"，才有办法消除敏感或迟钝的状态，只留下并整合紧急时的必要反射，就像免疫系统一样。

　　有恐惧瘫痪反射的人，会因为感受到恐惧的"气氛"，出现身体背部肌肉僵硬的反应，这是在妈妈肚子里就曾出现过的反应，所以出生后仍会因"气氛"变化而有敏感反应。这时候若想放松肌肉，可以轻柔触摸、轻拍背部肌肉，或趴着呼吸，因为肌肤相亲和玩耍能促进孩子发育，减缓孩子的敏感情形。

Q4 如何消除孩子的过度恐惧

▶ 设法让孩子知道"原来这没什么"

◆ 幼儿园小朋友都很喜欢的电视节目，我家孩子却说"好恐怖，快关掉。"晚上睡觉时，也会突然大哭。一个男生胆子这么小，我很担心他以后上小学该怎么办。

◆ 去游乐园时，一直喊"好可怕"，没有一项游乐设施敢玩，结果什么也没玩就回家了。因为我知道他连公园里的游乐器材都不敢玩，所以心里很清楚；但孩子的爸爸第一次看到，整个人很震惊。

当父母对高敏感孩子不是很了解时，往往只会看到孩子胆小、害怕的情绪面，因此认为是孩子的个性造成的，但这其实是感觉的问题。当神经产生过敏反应时，最困扰的其实是当事人自己，这一点大家一定要有所了解。

　　由于高敏感孩子会对刺激过度感受，因此很有可能是过去曾经看到过、听到过或感受过的可怕经历，成为记忆留在脑海里。如今再度闪过，才会出现夸张的反应。

　　幼儿的夜哭也是一样，敏感的孩子会在半夜突然大哭，有可能是因为对当时的外在状况产生反应，也有可能是因为内在的恐惧感又突然来袭。敏感的人当中，有些人还拥有容易产生超感觉的体质，据说会畏惧看不见的东西，这是我调查约五百名孩童的过度敏感资料后得出的结论。

　　面对会因各种事物而畏惧的孩子时，不能责备他"这有什么好怕的，真是胆小鬼"，或否定孩子"你这样怎么行"，应该表示你非常理解他之所以畏惧的状况，设法安抚他的心。严厉的言辞与大声责备，只会加深孩子的恐惧，让孩子更加害怕，一定要轻柔平静地对孩子说话。

　　焦虑情绪持续过久，只会带来更大的焦虑，陷入"过度激动"，让恐惧也变成一种焦虑。与其事后努力克服焦虑感，不如事先设法预防更为简单。此时应告诉孩子"其实是因为这样……"，并告诉孩子"这次没办法，那就下次再试吧"，接受孩子的焦虑，同时对孩子说"那次很开心吧"，帮助孩子回想起好的记忆。只要孩子学会利用这种预防对策来转换焦虑，自然能将焦虑情绪通过图画、颜色、数字、语言、脸部表情等方式表现出来。

　　前面说过，保有在母亲体内"恐惧瘫痪反射"的孩子，触觉都会比较敏感，因此会通过皮肤感受到恐惧，深层肌肉会变弱，导致维持身体姿势的肌肉张力变差；也会因前庭觉和本体觉不够成熟而失衡，因此陷入对脚下不稳定状况非常害怕的"重力不安全感"。

　　会对游乐园感到焦虑，有可能是因为这种重力不安全感。毕竟对敏感的孩子来说，游乐园是个充满刺激的地方，速度、摇晃、转圈、为取悦大众刻意设计的颜色与声音、游客的欢呼声等等，对一般人来说，虽然很快乐、不害怕，但如果将这种刺激强度提高一百倍，结果会如何？应该会震撼到觉得恐惧吧。只要如此思考高敏感孩子所面对的状态，自然能理解他们的问题。

对高敏感孩子来说，被带到刺激过度的游乐园，还要搭乘各种游乐设施享受乐趣，根本是不可能的事，所以别太贪心，先选一项孩子不那么害怕的设施体验看看就好。然后再告诉孩子原来这东西就是这样，一点也不可怕。当然也可以先由爸妈或其他兄弟搭乘，让孩子亲眼确认实际搭乘的结果很安全。等孩子想尝试时，再一起搭乘就好。

　　通常会惧怕游乐园的孩子，大概都有重力不安全感的问题，才会对速度、摇晃、转圈产生强烈抗拒。所以爸爸妈妈若能陪孩子一起玩，就能给孩子安全感。

　　"一点也不可怕，而且还很好玩"，若能让孩子留下这样的好印象，那就大功告成了，就算当天只玩了这一项就回家也没关系。

　　当孩子不再有害怕的感觉，开始转为"并不可怕"的安心感，甚至出现"原来这也没什么""我已经克服"的自信，自然会出现"还想再去""下次我要玩别的"，慢慢改变自己的想法。

Q5 悲伤与惊吓感, 好像特别难消除

▶ 让孩子尽情发泄负面情绪

敏感的孩子面对突如其来的"丧失",例如亲密的亲人去世,饲养的宠物死了,甚至在学校被同学霸凌,感到悲伤时,常常会认为都是自己害的,也会反复地想早知道就如何如何,持续懊恼下去。若是一般的孩子,通常会当场表达出情绪,过几天就没事了;但敏感的孩子只会当场愣住,没有情绪表现,导致神经出现休克反应(僵住)并且持续下去,陷入深深的沮丧情绪中。

当孩子陷入这种沮丧、自责的状态时,千万别对孩子发出指示、命令、责备或说教,否则对他们来说就像是拿刀刺进心脏一样。应该对这些孩子的心境表示认同,

百分之百地接受他们的心情，才有助于孩子敞开心扉，将压抑的愤怒、悲伤、后悔情绪表达出来。让孩子放心、有安全感，比什么都重要。

通常人们遇到害怕或震惊的事时，会表现出的反应不是努力对抗，就是逃避，再不然就是僵硬不动，有时还会假笑应付。当孩子遭遇霸凌时，反应是"你想怎样"而起身抵抗就没问题；哭着跑掉，大概也不会留下心理创伤；但若是毫无反应只是呆愣着，甚至是微笑应付，就很容易留下心理创伤。

当这些孩子来找我商量这类事时，我都会告诉他们"等心情平静后再说，不必勉强去上学呀"，因为这种问题并不是把事情推到"内心不够坚强"就能解决。

若以这种态度面对高敏感孩子，只会让他们过度反应，不是封闭自己的情绪与感觉，就是干脆说谎隐瞒。一旦变成习惯，就会造成慢性的神经兴奋状态，让他们更加想压抑自己，将负面情绪全藏在心里，最终就会在某个时刻溃堤爆发。为了避免发生这种情形，绝对不能让他们累积过度的负面情绪。

Q6 如何面对被称赞也没有
开心反应的孩子

▶ 称赞也会造成心理负担，
　　只要肯定孩子的存在就好

◆ 我的女儿是高敏感孩子，就算称赞她"你做得很
好""你好棒"，她也没有开心的样子。因为她很
会看人的脸色，我总觉得自己被她看得透透的。
除了称赞，我该怎么做？

艾伦博士将这种资质视为"看穿本质"，因为高敏感
的孩子能掌握他人话语中的意思，直接看穿对方说的话
是不是真心，这是高敏感孩子常见的特质。

只从上述的话里，很难看出孩子的心情究竟如何，但是在心思细腻的高敏感孩子中，确实有些孩子被人称赞时反而会觉得压力很大。因为他们得到的信息是"不这么做不行"。例如被称赞"好孩子"时，会以为"为了当'好孩子'，我得随时有好表现才行"；被称赞"你好棒"时，会以为"一定得做到被说'你好棒'，不然爸妈会不开心"。其实不管是"好贴心""好聪明"还是"做得很棒"都一样，高敏感孩子的这种倾向特别明显，他们会去观察对方期待什么，更会为了迎合对方的期待而努力。

　　在这种情况下，孩子被称赞当然不会开心，反而只会因为责任感和压力而更紧绷。若是一般孩子，或许不会太烦恼；但是因为高敏感孩子拥有较强的同理心，容易受他人的心情影响，所以会勉强自己去配合别人。更何况每个孩子都想被父母喜欢、疼爱，所以更会观察父母的心情。

　　这时，只要我向父母说"您的小孩好像有过度的责任感，认为自己得这么做才行"，父母都会回答"我从来没这样要求过他啊"，显示父母们都是在不自觉的情况下施加压力给孩子。这种案例有时也会发展成"柔性虐待"。

　　除了称赞外，该怎样面对孩子才好？

　　其实真正重要的是肯定孩子的存在，完全接受并认同这样的孩子。"这样就行了，无论有没有做到，妈妈永远都爱你哟。"只要把这种心情传达给孩子就行了。想要达到这个目的，亲密接触比语言更有效，尤其是拥抱和触摸身体。语言当然也重要，只是温柔又舒服的身体碰触，更能有效且强烈地传达情感。

　　"理解"与"传达"可通过思考、情绪、感觉等三个手段表达。思考是用头脑理解，也就是通过语言来传达；情绪是用心理解，也就是通过心情传达；而感觉，则是用身体理解，也就是通过皮肤传达。与其用头脑理解，不如用心情理解更有感触，而通过感觉理解又能有更深层的体会。想让对方理解时，最快、最有效的方式就是身体（肌肤）接触。

　　拥抱会碰触对方的胸口和皮肤，单是这样就能传达情感；想进一步和对方心灵相通，拥抱是最快的方式。尤其是拥抱时伸手轻抚对方的背部，或双手用力紧抱对方，都会很有效果。紧紧拥抱是肯定对方存在的终极手段。

心理疗法里就有一种"拥抱疗法"。

　　由于前来求诊的患者以女性居多，若随意使用拥抱疗法，会被误解为性骚扰，所以我不经常使用这个疗法。但如果发现无论用什么方式治疗都不见效，已经无计可施时，我就会直接问"我可以拥抱你吗"，在征得同意后拥抱对方。"这里是个你可以放心的地方""我很重视你"，以这样的心情拥抱对方时，会发现对方原本僵硬的身体逐渐放松。这个拥抱疗法，若能由最亲近的人进行，会是最有效的。

Q7 孩子总是为了别人的失败而哭泣

▶ 这是个善良特质，但是得注意人际界限

◆ 我家孩子现在小一，班上同学因为忘记带东西被老师骂，结果这孩子就担心自己会不会也因为忘记带东西被骂，成天碎碎念。细心准备固然是好事，但明明没有的事，也在担心。他这个样子，我都会怀疑"是不是神经质到有点病态了"。

情绪反应激烈，同理心很强，都是高敏感族典型的表现。泛自闭症者也会有这种表现，尽管他们平常看似不在乎别人的事，做事我行我素，不会在意周遭的人，但有时仍会出现这种过度的同理反应。

前面的案例中，孩子不只感受到同学被老师骂的心情，还因同理心太强，让自己也跟着难过、不安。他们不仅站在对方立场，还把对方的情绪转移到自己身上。

　　把自己放在对方的位置，感受对方的感觉而产生共鸣，叫作"同理心"，例如有同样体验时常说的"这个我知道，我也做过这个，我也去过那里"等，都会让对话更热络。同理心可以比喻为前面提到过的"音叉"，敏感的孩子就像体内拥有特别的音叉，容易对各式各样的人、事、物产生很深的共鸣。

　　另一方面，即使不曾有过和对方相同的体验、相同的心情，有些状况仍会让对方走入自己内心。人与人之间都存在可以隔开彼此的"界限"，并通过自我辨别，来保护自己。偏偏有些人的界限很模糊，因为自我没有发展完全，无法跟与自己无关的事物划清界限，造成自己与他人之间的界限划分不清。这种时候即使没有出现同理心，也会因为界限模糊的关系，让对方的思考、情绪、行为侵入自己的领域。

　　这种情形不同于同理心，被称为"过度同调性"，这个问题会比较大。

　　同理心强的高敏感孩子会读取他人的心情，并努力去配合他人。但是在成长过程中，一旦因为充满压力的环境造成心灵受伤，导致自我无法顺利发展时，过度同调性就会越来越强。

　　后面第 3 章介绍的案例中，就有人最后出现自己不再是自己的"解离"症状，而界限模糊就是引发解离症状的一大原因。解离是自己以外的事物侵入自己内部，进而取代自己的现象。我认为这种现象并非高敏感的特质所导致，而是在人际关系处理上出现问题的环境里，对自我意识产生认知扭曲，过度压抑自己而引发。

　　一般人会随着成长逐渐划清自己与他人之间的多重界限，例如心理界限、物理界限、社会界限、经济界限等等。所以在各种不同的场合，可以区分清楚这是自己的问题还是别人的问题，并且依照社会规则采取行动。但是，当这条界限模糊不清时，即使是大人，也会出现依附或被依附的行为。有些被虐待或是受到家暴的人会说"都是我自己不好""他需要我"，就是因为心理界限出现问题。

没有"这是别人的钱"这种经济界限的人，会不断地向另一半索取金钱，甚至会动用他人或公司的钱。如果"这是我自己生活需要的重要资金"的意识薄弱，就会因为"只有我能救他"而不断把钱拿给对方。

　　但拥有正确同理心的人，不会有这种问题，因为他们早就通过自我成长学会重视自己。

Q8 孩子被霸凌怎么办

▶ 高敏感孩子的镜像神经元很活跃，
　 可以通过模仿来改变

"镜像神经元"被视为二十世纪最重要的脑科学发现，而根据研究显示，高敏感族的镜像神经元比起非高敏感族来得更加活跃。

心思细腻又容易受伤的孩子，往往看起来像胆小鬼、爱哭鬼，而且不敢说"不"，所以在学校常常有遭到霸凌的例子。我认识的一名初中学生就是这样，尽管身材壮硕，动作却有些迟钝，虽然没有脑力、智商上的问题，但是因为很安静，总是被人欺负，每天都过得很痛苦很不开心，后来干脆不上学了，最后才来找我看诊。

欺负他的人主要是班上的同学，但后来才知道真正起头的居然是他的班主任。因为老师曾经用言语羞辱他，所以班上同学才跟着起哄。后来出现了救星——一位聪明又活泼的同学，主动站出来抗议，维护这个被大家霸凌的同学，结果班主任慢慢地不再口出恶言，霸凌他的同学们也安静下来。

　　之后这个孩子又开始去上学，而且变化最大的是他能清楚表达自己的意思，变得很坚强。不仅态度和行为改变了，就连服装和发型也不一样了。

　　虽然我不曾见过帮助他的那位同学，但很显然他是在模仿他的救星。其实镜像神经元运作活跃的高敏感孩子，最擅长从模仿中学习。这个案例正好是身边出现值得模仿的范本，才大大地改变了他。

　　周遭的大人应该协助孩子寻找这样的范本，甚至自己也可以作为孩子的范本。我想成为像爸爸一样的人，我想成为像妈妈一样的人，我想成为像老师一样的人；对无助的孩子来说，这种存在能成为一股力量。

Q9 孩子无法顺利表达怎么办

▶ 要仔细观察孩子的变化

◆ 我儿子是个敏感儿，今年五岁，有话想说却说
不出来，只会表情扭曲地说："嗯嗯嗯"。跟他说
"你这样'嗯嗯嗯'，妈妈听不懂，你要讲出来"，
他就会更不开心。虽然他平常不爱说话，但还是
能沟通的。他这样是在撒娇吗？有时我很担心，
如果什么事都帮他做好，是不是反而不好？

无法顺利表达、说不出话有几种状况。例如脑子里
出现太多画面，不知道该怎么说；或是因为惊慌让大脑
过度运作，反而导致功能低下；甚至是因为完全没有任

何情绪或想象，才造成说不出话来。当然也有可能是因为害怕，才欲言又止不敢说。

另一种情形是信息处理过慢，这是泛自闭症者常见的症状，被问话时不会立刻回答，要过一段时间，等他理解了刚才的话，才回答得出来。

以这个孩子的情形来说，平常能够正常地回答，所以或许是"虽然很想讲出来，但是因为害怕所以不敢说"。尤其有些敏感的孩子，只要感觉到妈妈好像很烦躁、要生气的样子，舌头和表情就会变僵硬，完全说不出话来。

请务必仔细观察孩子平常正常说话的模样和说不出话时有什么不同。如果看到孩子卡住讲不出话，也不要急着催他。妈妈自己先要冷静，千万别露出皱眉头等不悦的表情，请试着面带微笑对孩子说："你可不可以用妈妈听得懂的方式慢慢说呢？"

如果这么做仍没有效，再来思考其他的可能性。

Q10 ▸ 该怎么让高敏感孩子锻炼身体

▶ 锻炼身体，调整心灵，增加自我肯定
——这才是一石三鸟之计

◆ 孩子目前念小学，但是一点运动细胞也没有，身体摇摇晃晃，走路姿势也很怪，在学校好像也常被取笑，每天都不开心。我想让他多活动身体、增加自信，该让他学什么？

前面说过过度敏感的人，很可能是还保有胎儿期的恐惧瘫痪反射。身体会因周围气氛变僵硬，肌肉变弱，并且欠缺注意力。而且使用身体时会"太用力"而浪费体力，容易疲劳。这样的孩子若能做些带有节奏的简单

运动，反复地放松、紧绷肌肉，就能有效提高身体感觉。

缺乏运动细胞的孩子，自然不喜欢活动身体的游戏方式，常常自己一个人玩，无形中会比较常去画画、玩扮家家酒等。在团体活动里，也会因为身体不灵活及动作缓慢被大家注意，变成没有自信的小孩。但是不擅长协调运动的孩子，通常比较擅长单纯的跑步、滑动等方式固定的重复性运动。因此，比起需要灵巧心思的复杂团体竞技，不如让孩子去学田径、单车、跳绳、滑雪、滑冰、跳马、跳箱、单杠、垫上运动等个人竞技项目。空手道、柔道、合气道和跆拳道等武术也很适合。

活动身体可以锻炼身体，同时调整心灵，就这一点来说，合气道和空手道等武术，或许最适合具有高敏感特质的人。因为这两项运动，都是以配合对方之气为重的运动，而高敏感的人多数都很擅长观察对方的气。通过武术调整身心的人，几乎都很有自信；即使是运动神经不发达的孩子，也一定能培育出自我肯定感。

不过话说回来，最重要的仍是孩子自己的意愿。若他也愿意，绝对适合此类运动。

Q11 ▶ 课业上遭受挫折怎么办

▶ 与其克服不擅长的事，不如发展擅长的事

IQ 高却不喜欢念书的孩子中，有些人是因为有学习障碍（LD）的问题。

学习障碍是指虽然智力发育没有问题，但是在听人说话、阅读文字、计算、逻辑推理等能力上，有学习与使用困难的状况。

原因是大脑处理视觉与听觉等信息的效率较差，无法顺利将听与说、读与写、书写与计算结合在一起，因此会单独或同时出现有困难的状况。无法顺利依序记忆、处理、组织，属于"顺序处理"较弱的孩子；无法顺利一次处理，属于"同步处理"较弱的孩子。

但顺序处理较弱的孩子，往往很擅长同步处理。就

大脑的运作方式来说，他们属于右脑活跃的人，能在看到东西时瞬间回答，也很有想象力与幻想力，擅长直觉式的灵感。

由于课业上的流程以顺序处理居多，所以有必要帮助不擅长顺序处理的孩子活用原本擅长的同步处理能力，例如先帮孩子设定好顺序及目标，让他们好抓住整体概念，明白"现在在做的是 ×× 部分"，如此就可以有效减少孩子的混乱与抗拒。

高敏感孩子的想象力、情绪、感觉都很丰富，所以记忆力很强。原因在于他们对经验的记忆很鲜明。但课业需要的是用左脑来进行文字、数字、记号的处理，右脑活跃的孩子通常并不擅长这些事，因为记忆的性质不同。其实不只是读书学习，只要明白孩子擅长哪些事、不擅长哪些事，就别急着让孩子克服不擅长的事，而是要帮助孩子继续发展擅长的事更好。

天生能力本来就有强弱之分，若放任不管，自然会避开不擅长的部分，继续发展擅长的部分；所以在发展初期，帮助孩子克服不擅长的事是必要的。但是若擅长与不擅长的表现已经很清楚，孩子也开始出现排斥、反抗的态度时，与其费力去克服不擅长的事，不如帮助他们继续发展擅长的事。

Q12 ▶ 孩子该学习哪种才艺

▶ 一切以尊重自主性为主

"高敏感的孩子适合学习哪种才艺、加入哪种社团？"我常被问到这个问题。

若是孩子自己说"想试试这个"，就让孩子去试；但若只是为了"让孩子克服障碍""想提高成绩""希望孩子未来能和父母走同一条路"，以父母的思考为出发点的话，我个人就完全不赞成。

高敏感的孩子单是在日常生活里，就已经被种种刺激压到快喘不过气来，很容易身心疲惫，所以实在不应该再让孩子承受更多刺激，不如让孩子多一点独处的时间，确保有足够的时间休养身心。但若是孩子自己主动提出想尝试，那就尊重孩子的意思。

　　我认识的一个孩子就曾主动表示"想学钢琴"，但是他有听觉敏感的问题，所以妈妈的直觉反应是"你没办法学音乐吧"。没想到在他真的开始学钢琴后，因为听力很敏锐，所以进步速度惊人。由此可见，即使有听觉敏感的问题，只要是自己主动而非被迫尝试，就能乐在其中。有些孩子明明很怕运动，但通过反复练习简单的运动来锻炼身体后，逐渐培养出自信。所以别因孩子的能力受限就放弃，应该尽量让孩子尝试自己想做的事。

　　我所诊察的敏感孩子当中，有很多孩子都在玩管乐器，这或许和他们本来就容易被优美的音色、和音所吸引以及听力敏锐，所以进步神速有关。不过乐团的练习时间都很长，还得兼顾学校课业；加上又是团体活动，难免会遇到各种人际问题，有些孩子因此疲惫不堪。

　　但不论是孩子最爱看的课外读物，还是画画、创作游戏、劳作、上网、唱歌、玩乐器、和宠物玩耍，只要有一项能让孩子热衷，就能帮助孩子保持稳定的心情。

Q13 就是无法疼爱过于敏感的孩子

▶ 爸妈不要自责

◆ 看到孩子高敏感的行为，就忍不住想骂他。我不
 是不能理解，因为我自己小时候也是个高敏感孩
 子，但我就是无法耐着性子面对他。很希望小孩
 早点去上学，这样我就能喘口气。

一般来说，只要父母自己不是高敏感族，通常都会
以为孩子的行为是故意的，就会忍不住催促孩子，讲话
语气甚至会变严厉，无法和孩子同乐，常常只觉得烦躁。
若父母自己也是高敏感族，就能理解这种感觉，也能顺
利回答孩子的提问，甚至懂得如何一起玩。只是在另一

方面，也会出现将自己的期望强加在孩子身上，或忍不住插手变成过度保护，或因对孩子过度共鸣而失去理智，对外人际关系较弱等常见的育儿困扰。

自己也曾是个高敏感孩子，却无法接受孩子的行为，其原因恐怕来自妈妈小时候的痛苦经历，因此在面对孩子时，和以往的自己过度联结。

高敏感的人在看到父母的脸色后，往往有话也不敢说，许多人都是在这种受他人影响的状况下长大，因此责任感和自责感较强。因为没有自信，为了避免失败，避免被他人批评，所以过得战战兢兢；加上一心以把家事和育儿做到完美为目标，最后才会疲惫不堪。

面对这样的人，我都会说"要照顾高敏感的孩子真的辛苦啊"，设法让他们放下重担，因为他们需要一个能让心灵逃避与休息的地方。

所谓"育儿就是在育己"，照顾孩子有重新检视自己成长过程的意义。只要能接受自己的敏感与脆弱，自然有办法接受孩子。虽然无法回到过去，让人生重来，但不妨把这当作一个机会，通过照顾孩子来诚实面对过往的心灵伤痕与痛楚，进而承认、原谅、接受当时无法表达自我主张的自己。

Q14 ► 真的有困扰时，该找谁商量

► **重点是寻找能商量的对象，而不是做出诊断**

无法应付孩子的敏感问题时，该找谁商量才好？

通常，我们判定一个孩子个性"腼腆""内向""容易害怕""畏缩不前""消极""胆小"前，理论上会先观察一段时间。若有发展障碍的特征，就会考虑是否为发展障碍；若是天生神经比较敏感，一般来说不会想到是这个原因。

但若孩子的这种个性表现过于强烈，可以通过就近的咨询机构转介到儿童专门机构或医院。在知道高敏感的概念之前，我也一直以为这样的孩子属于零到三

（Zero To Three），也就是 2003 年在日本出版的《精神保健与发展障碍的诊断基准：从零岁到三岁》里，美国非营利组织所提出的"调节障碍"。其中有一项分类是敏感反应（胆小又谨慎），内容提到"有过度谨慎、压抑、畏惧的情形，婴幼儿初期的探索行为与自我主张也较弱，且不喜欢日常出现变化，也害怕新奇的场面，明显有依附的倾向"。

里面还提到具有发展障碍特征的感觉运动种类和养育方式种类，我也都列为参考。这个诊断基准因为加入了神经发展的观点，不同于使用已久的发展障碍诊断基准，对理解孩子在人际关系及与人沟通上有问题的敏感要素很有帮助。但若孩子没有发展障碍的特征时，又该如何解释？

由于目前几乎没有专家与医生会从调节障碍或高敏感等神经发展的观点来思考孩子的敏感情形，所以才会站在医学惯用的发展障碍及精神障碍的立场来诊断。

心理创伤反应对人们的神经发展及自然治愈力的影响，已经逐渐明朗；若考量在妈妈肚子里的胎儿期也对发展有莫大影响，显然有必要综合遗传因素、胎儿期开始的环境因素、认知发展过程等因素，来分析考量孩子的敏感情形。

在束手无策的妈妈当中，有些人只想快点确定诊断名。因为与其连孩子到底是怎么回事都不知道，不如有个清楚的病名，心理上才有办法接受。但发展上的种种问题，很难给出一个简单的诊断名。或许有人会以为只要做过检查，就可以马上确诊。其实检查只能得知孩子有哪些特质，即使能得到诊断名，也不见得绝对正确。

困惑的妈妈们真正需要的，是寻找一个可以商量的对象。若能有个地方和有相同烦恼的人交换信息，就能说出自己的困扰，也能从中得知"原来大家都一样，不是只有我们家""只要这么做就行了"。千万别因为认定这是自己孩子的事，就独自一人烦恼，这是最不可取的做法。

Chapter 03

因为高敏感
而痛苦的孩子们

《心》同理心太强的孩子，其实很危险

过度敏感的人，很容易因为一点芝麻小事就备感压力，最后导致身心失衡。本章将介绍孩子们因高敏感而出现严重症状的案例。

这个孩子从小学起，就常担任班长和社团干部等职务，小学六年级时还担任学生会副主席，成绩始终名列前茅，是个很优秀的孩子。虽然他从小学五年级开始有过度换气的问题，但都不严重。后来上了初中，除了过度换气外，还出现头痛和忧郁的症状；第一次去看医生时，被诊断为广泛性发展障碍。

我是在他上初二后开始为他诊察的，发现他确实在智力方面有言语上的偏差问题，但又不像有发展障碍。由于他是个模范生，很受大家信任，无法拒绝他人，什么事都会接受。团体里只要有事他就不会袖手旁观；一旦大家出现对立争吵，他也会出面协调，所以我怀疑他会不会因此造成心理负担。

他在一个温暖的家庭里长大，但父母都是高敏感族，所以我判断他也是个高敏感孩子，才会无法拒绝他人，凡事都接受，因此造成压力过大。

和他深谈后，更进一步得知他出现了解离症状：完全想不起来先前老师在学校里对他说过的话；看着以前自己写的笔记，也不记得曾写过，明显有严重的心理症状。

高一时，他的成绩是全年级第一名；但是升上高二后，他开始出现易怒、疲倦、神经过敏、漫不经心、听到别人说话都会以为在说他的坏话、身体很难活动等症状。尽管如此，他仍然努力参与社团和学生会等各种活动，可惜越努力身体就越差。我相信他的青春期一定过得很痛苦。

高中毕业后，他进入离家很远的学校就读，结果原有的种种身体症状完全消失，精力充沛到令人无法相信。他又重新投入课业和社团活动，简直让人怀疑"青春期的那些症状是怎么回事"。

　　我认为他其实一直都在扮演"好孩子"，但到了陌生的地方、进入陌生的团体后，不再需要扮演好孩子，才让他有办法抛掉一切重获自由，心灵也因此得到解放。

　　有解离症状的孩子，人际关系似乎从幼儿期开始就有一定的问题。因为这样的孩子会努力想达到对方描绘的感觉及期望，会去读取对方的表情和状况，避免惹对方不开心，所以才会被父母称赞为"好孩子"。他们很少会追究对方的责任，也很少攻击对方，当然也很少为自己说话，只会在意对方对自己的期望和情绪。这种倾向不只在面对对方时会出现，也会在必要的场合出现，所以他们很机灵，一旦察觉现场的气氛很紧张，就会牺牲自己来配合他人。

　　高敏感族和高敏感孩子不只是敏感，区分自己与他人的界限也很模糊，所以容易累积负面情绪。而且他们都会站在对方的立场替对方着想，把自己的事往后放，最后反而让自己受伤。

((Ψ)) 过度认真的孩子, 很危险

　　心思细腻的高敏感孩子, 很容易负面思考, 也容易自责; 加上多数是完美主义者, 总认为"不这么做不行", 所以经常会认真过头, 将自己逼到绝境。

　　在此介绍我曾经接触过的案例。

　　这个孩子从初一开始就有头痛、胸痛、无力、倦怠、疲劳感等症状, 因为一直在忍耐, 所以除了身体出现各种症状外, 连心理也出了状况。上高中后, 他终于因为严重眩晕无法行走, 为他看诊的医院因此向我求助: "有个这样的孩子, 您能帮忙诊察吗? "于是将他转诊到我的医院来。

　　关于眩晕, 他自己描述: "就像有一艘大船在暴风雨里漂浮, 船上还有云霄飞车。我就像在摇晃的船上搭乘

云霄飞车一样，不断地绕圈。"调查之下发现他的眩晕属于神经学上的异常。

当时他的症状有头痛、胸痛、幻视、腹痛、无力感、疲劳、焦虑，甚至有部分身体出现麻痹、疼痛的情形，差到无法上学，最后茧居在家里。

年幼时的他异常细腻敏感，似乎什么事都能看穿，但因为不懂得用语言说出来，他深受困扰。

他的睡眠很浅，也常常睡不着，后来介绍他去专门治疗睡眠问题的医院求诊，测量脑电波后发现，他的睡眠只能维持在浅层睡眠，中间还频繁出现瞬间惊醒。由于药物对他来说都效果太强，所以也无法让他尝试用药。

后来真正解救他的是家中的宠物，因为他负责照顾小狗，得带小狗散步，是狗狗疗愈了他的心灵，让他摆脱茧居状态，开始慢慢走向户外。

((Y)) 没有自我的孩子，很危险

同调性过强，会将原本不属于自己的特质强加在自己身上，甚至是重新创造。很多孩子对这种虚假的自己感到痛苦。

有一名女孩在向我求诊前，在别的精神科被诊断为轻度广泛性发展障碍。但我对她的诊断是广泛性发展障碍非特定型、注意力缺失症／学习障碍倾向、忧郁与社交焦虑、高敏感族、"成人化儿童"（Adult Children）。

她在小学和初中时成绩优异，日常生活的评分也很高，除了注意力和记忆力稍差一点外，言语和动作上的智力评分也很高。对她进行一个月的心理治疗后，我发现了许多事。她从幼儿期开始就和其他小孩的兴趣不同，很怕和其他小朋友一起玩，总是独自一个人。就学后，

她也很怕和同学聊天，随时都感到疲惫，常陷入乏力状态。而且很难理解耳朵听到的事，所以也无法专心上课，只能死背课本。

上初中后，她开始叛逆、反抗母亲。后来虽然考上大学，但课业和交友仍让她吃尽苦头。之后虽然也就业了，但只要公司的指示不够明确，她就不知道该怎么做，也无法随机应变，因此无法顺利建立人际关系，精神上被逼到绝境。于是她怀疑自己是否有发展障碍问题，所以到精神科求诊。（以下内容是征得她本人同意后，直接引用她的日记。但为保护个人隐私，细节部分稍加修改。）

- ◆ 我从小就无法融入周遭的世界，总觉得没有自己可以待的地方，也没有办法和家人、朋友建立亲密的关系。
- ◆ 我对自己生活的世界和别人都没兴趣，只能接收妈妈给我的价值观，然后用这种价值观来面对世界。但后来我突然发现，这不是我的价值观，以往我所认定的想法，都是妈妈给我的。若将这些全都丢掉，我就会没有自我。

◆ 不消除自我来配合周遭环境，我就无法与人沟
通。我甚至不知道为了生存，我应该把真正的自
己摆在哪里，好像也没地方可以摆。

这是极具象征性的症状。

◆ 我很容易受别人情绪的影响，常常因此感受到他
人的情绪。待在人多的地方，大家的各种情绪好
像都会往我这边冲过来，让我不只疲惫，心情也
很沮丧。讲得具体一点，待在有明显情绪的人身
边，我的疲惫感就会倍增；只要别人有一丁点儿
愤怒或悲伤，我就会因为这些不必要的情绪共振
大受影响，结果我反而比对方还沮丧。

这是很典型的敏感特质。

◆ 即使对方只是稍微抒发一下情绪，即使我根本不
知道对方产生情绪的来龙去脉，即使我几乎不了
解对方，或他只是正好擦身而过的人，我的沮丧
心情也会持续一整天。就像在不知不觉中感染到

对方的情绪一样。所以我从小就会逃避现实，但是这些想法会自动浮现在我脑海里，我根本无法控制。

她无法像一般人一样与人随意闲聊，只能从过去的经验中寻找"这时候应该这么说"，再根据学来的经验回应对方。

◆ 对对方的话题产生兴趣，再回应对方的闲聊方式，对我来说太困难。就连打招呼的简单对话，我都不行，所以我根本无法与人建立人际关系。

在这种情况下想要与人沟通，当然会过度耗费精神，难怪会非常疲惫。

◆ 这种情形就像让一般人把平常会自动完成的事，全改成手动一样，需要高度的专注力和能量。单是稍微的闲聊，都会让我累得想躺下，有时甚至得躺上一整天。

她在接受治疗后将这本笔记拿给我，不仅让我吓了一大跳，也让我决定征询她本人同意后，分享给大家，并且应用在我日常的诊疗里。基本上，不论年龄、性别、有无发展障碍，真的有很多人对她的经验感到共鸣。这让我深深明白，确实有很多人就像这个案例一样，因为发展障碍、高敏感、解离症状、依附障碍等重重问题而深受困扰。

((Ψ)) 找回自己的"反转"过程

在对她进行两个月住院治疗的过程中，我集中使用了认知行为疗法、眼动减敏与历程更新疗法、催眠术疗法、个别心理咨询和亲子面谈等方式进行治疗。

尽管我做了许多次亲子心理咨询，但她的妈妈都只是说"我从来没有强迫过她，反而都是顺着她，她想做什么就让她做什么""再说这孩子也不是什么都听父母的，她其实是个顽固的小孩"。母亲不仅不认为自己在某些地方支配了孩子，也无法站在孩子的立场思考与感觉。

通过心理治疗，女孩逐渐说出自己在学校和家里的感受。其中又以母亲无法理解她这件事，最让她伤心，因此迟迟无法疗愈她五岁的内在小孩心灵。同时，她对母亲还有强烈的愤怒、顺从及恐惧，更因为过去的依附及心理挣扎而持续痛苦，明显是不稳定型依附障碍。由于母亲直到最后都没能站在她的立场思考，所以她决定不再期待母亲、不再回顾过去的母亲，才终于抑制住对母亲的愤怒。

后来过了一段时间，她出现强烈的妄想，认为自己罹患某种感染症，于是再度住院。

在发展障碍与高敏感者当中，不少人都有成人化儿童的情形。他们在成长过程中没能得到父母的充分支持，导致自我评价过低。这样的人也容易受周遭评价影响，陷入极端不安，还会持续渴望父母的疼爱，对被遗弃感到焦虑。与养育自己的父母之间的亲情羁绊，不只会影响一个人的人际关系，更会大大影响他往后的人生。

后来，她终于摆脱妄想的问题，但并不是因为我的治疗成功，而是她看到某本书后突然领悟，仿佛瞬间赶走了附在她身上的恶灵，之后就摆脱问题了。我将这种重回人生的情形称为"反转"。许多人都是如此跌到最深的谷底后，才重新反转，恢复元气。这个过程就像酒精中毒的病患在治疗过程中的"跌落谷底体验"。唯有跌到谷底，彻底毁掉过去的自己，才有办法重生。"反转"这个词其实被很多人用过，尽管方法各有不同；反过来说，也代表它具有完全不同的性质。

"摧毁后才能重生"，对承受痛苦的人来说，这句话充满希望。与其在痛苦之余勉强自己"一定要这么做才行"，不如接受并放下一切，更能重获新生。

我看到过许多经过反转过程重生的人，他们的共通点就是明白"没后路了"，仿佛只有死路一条般，跳下悬崖；等真正跌到谷底后，就能反过来采取行动，才会蹿出一股"得活下去"的想法，然后真正地转念。

考虑到孩子在成长过程中与父母之间的依附关系，以及依附关系形成时的不稳定状况，在为孩子治疗时，也得治疗父母，而且是由同一名医生同时为亲子双方治疗（但偶尔也会有分开治疗的情形），以确认彼此间的关系、联结，进而修复亲情羁绊。若头头是道地主张孩子优先，但父母不改变，照样没用。应该设法让父母说出真心话，承认自己比孩子和家庭还重要，才有办法从自以为是中解放出来，也才有办法有面对孩子的觉悟。

能成为契机的情况其实很多，但共通点都是认为没有用了、人生已经完了，彻底痛苦过后才能重生。唯有陷入可能濒死的极限状态，才能产生置之死地而后生的潜在力量，重新往上爬……我认为这才是真正的生命力。

(ᚤ) 高敏感孩子是遗传的吗

一般认为高敏感是因为遗传关系，但仍有非高敏感族的父母生下高敏感孩子的案例。即使亲子都是高敏感族，敏感的表现方式也不一定相同。简单地说，就是我们无法用一句"遗传"来说明高敏感的状况。

到底是遗传？还是环境影响？先来了解一下"表观遗传学"。由负责控制及传达基因表现的遗传信息系统决定，称为"表观遗传学"。人类由六十兆个细胞所构成，并通过被称为"酵素"的高分子蛋白质的运作来维持细胞功能，而负责制作蛋白质的设计图，并被编码在DNA序列里的就是"基因"。蛋白质是通过两万个以上的基因，以各种不同的组合方式生成，并且存在决定基因表现的机制；即使基因的DNA序列没有变化，其表现方式也会因环境的刺激而不同，甚至有可能遗传给后代。

例如，同卵双胞胎虽然长得一模一样，仍会在成长过程中逐渐出现容貌与个性上的差异。原因就在于生长环境中，不同的基因表现、基因开关方式，会造成不同的影响。这种后天调整基因表现的机制、决定打开或关闭基因开关的机制及学问，就称为"表观遗传学"。

根据表观遗传学，即使拥有健康的基因，若该基因的开关没有被启动，人就无法获得健康；相反地，即使拥有会招来重大疾病的基因，只要该基因的开关没有被启动，基本上就不用担心会生重病。

换句话说，环境才是决定开关是否启动的关键；即使拥有相同的基因，也会因环境不同而有不同的表现。更进一步地说，即使处在相同的环境里，接受刺激的方式若不同，同样会改变基因的表现方式。

目前我们已知各种精神疾病都和部分的脑神经网络异常有关，因为脑神经网络会通过神经纤维联结离大脑较远的各部位，让这些部位连动起来。但要维持神经纤维的轴突和突触活动，需要好几百种蛋白质。若将其比喻为交通网，就是高速公路上快速联结长距离的神经纤维，容易因神经发展障碍症而受阻不通。

（（ψ）） 孩子的生长环境比什么都重要

　　敏感得让一个人痛苦到要活不下去，有各种可能的原因。

　　我曾在过往的著作中，说明高敏感族容易罹患自律神经失调症、恐慌症、忧郁症、慢性疲劳症候群等，各种因为压力而造成的疾病。因为长期处在反复承受压力的慢性状态里，会让交感神经与副交感神经失调，最后陷入压力激素过剩的状态，导致免疫反应出现异常。

　　拥有过度敏感特质的人，并非成人后才突然变成高敏感族，而是从小就一直很敏感。不仅敏感，也容易被周围影响而受伤，所以比一般人更容易累积压力。

　　神经发展障碍症，简单地说，就是神经联结网在发展过程中出现异常。但即使是出生时没有任何联结问题的人，仍有可能在成长过程中，因为持续承受强大压力而导致部分联结网出现异常，进而表现出和神经发展障碍症相同的症状，这种情形被称为"发展性创伤障碍"，一般认为是因压力激素影响而受阻。

过度敏感的人因为容易过度感受压力，所以出现这种情形。那么，究竟是什么原因造成压力过剩？

受虐长大、学生时期被霸凌，拒绝上学甚至茧居，都会让人留下心理创伤。但即使拥有高敏感体质，只要能被理解、被爱、被肯定，在温和的环境下长大，就能有效减少压力，维持自律神经的平衡，自然不容易引发病症。但若生长环境充满压力，就会造成心理负担，一旦超过负荷，就会出现各种压力性疾病和症状。

在高敏感孩子当中，仍有不少人以高敏感的天赋精彩生活。但另一方面，他们也容易因为芝麻小事而精神亢奋、累积压力，最后身心失调。至于会往哪个方向发展，完全看周围的人如何接受，因为环境会改变一切。

所以我才会不断大声呼吁，孩子的生长环境比什么都重要。

（（Ψ）） 所有人
都是从儿童时期开始就很痛苦

　　泛自闭症有两个共通点——不善沟通、非常执着，这也是新诊断基准里的定义。以前还会列出其他特征，但是现在都已被排除，只是如此一来，就会有更多人被列入范围。

　　单就不善沟通来说，泛自闭症的孩子中有一些很能理解他人的心情。相反，高敏感孩子中有些因为过度敏感而无法精准用语言表现，从结果来看也是不善沟通。而这也是高敏感孩子常被误以为是泛自闭症的原因之一。

　　若只从是否擅长与人沟通来看，会很难判断，但因为泛自闭症还有其他特征，可以从这些地方来判断。例如表情、态度、运动、是否会直视他人眼睛（多数泛自闭症的孩子不会直视他人眼睛）等，只要仔细观察，就能快速判断是否为泛自闭症。

如高敏感孩子会直视对方、感受对方。

在有神经发展障碍症的人当中，很多是小时候并无异常，长大成人后才出现症状。但这毕竟是发展过程中的问题，不可能是长大后的某天才突然变奇怪，应该是长大成人后，才知道自己有一些突显日常生活困难的症状，但这些症状其实是当事人从小就有的。

有一位男性大学毕业后，整整工作了十二年，才被诊断出神经发展障碍症，但他本人表示自己从小就过得很辛苦。他毕业于名牌大学，从小功课就很不错，导致他本人虽然有各种不舒服的症状，但周遭人不觉得他"无法像一般人一样办得到""其实过得很痛苦"，因此忽略他的问题。

他在问诊表里写道："我们这种过度敏感和感觉迟钝的情形，不是用一句'在意'或'不在意'就能说清楚的。"

诊察时我让他画画，结果他画了一张脸，上面还有一个箱子，并在一旁写下说明。

"因为进来的信息太多，造成信息塞车不通，很难控制。每次只要信息进来过多，我的脑袋就像要爆炸一样。"

由于面对过多信息、接收过多信息，因此无法处理，最后超过极限，让头脑混乱而僵住，陷入无法输出的状态，这就是泛自闭症常见的经历再现与恐慌，也是神经发展障碍症和高敏感族会有的现象。

　　我诊断他为泛自闭症加高敏感，因为他不仅拥有过度敏感的特质，也能敏锐察觉他人的心情，混合了两者。

((ψ)) 发展性创伤障碍

发展性创伤障碍是近年逐渐受瞩目的概念，但在与心理创伤有关的心理学里，早已被引用。

这种情形如前面说明过的，出生时神经网络并没有异常，却因持续承受强大的压力，导致神经网络的联结出现障碍。例如严格的教育、身心上的虐待、过度保护或过度干涉造成的心理束缚、家庭不和、严重霸凌、性虐待、家人死亡的打击等。只要这种压力持续下去，孩子就无法在家庭生活里得到安全感，会逐渐陷入慢性压力状态，最后变成发展性创伤障碍，引发焦虑和恐惧，以及过度紧张造成身心失衡的状态，不少人会因此罹患心理疾病。

只要孩子们在发展过程中受到伤害，心理的基本结构就会产生变化，并出现下列三个症状。

① 低自尊（无法爱自己）。

② 人际关系、社交性出现偏差（无法结交朋友）。

③ 控制冲动出现问题（无法控制自己的情绪）。

我们很难判断这三个症状是一开始就存在，还是因心理创伤所造成。只知道有这种症状的孩子，他们的大脑都有神经网络联结障碍的问题。

爱自己是很重要的一件事，如果不爱自己，就无法和朋友维持良好关系，也无法控制自己的情绪，最后招来心理疾病。

压力是接收端的感受问题，如何看待它带来的刺激，是决定该刺激是否成为压力的关键。心思细腻又敏感的人，往往很压抑，也习惯将一切往内吞，所以容易感受压力。

若认为"自己不好""都是自己害的"而因此自责的话，很容易将情绪往内积压，形成压力，当这种情形长期持续下去，就会阻碍神经的正常发展。我认为敏感的孩子在成长过程中容易出现问题，就是因为受到这种压力影响。

　　心思细腻又敏感的孩子，若无法得到父母及周围人的理解与支持的话，为了保护自己，很容易往书籍、幻想、游戏世界逃避，设法让自己没有情绪、不去感受，甚至变得早熟。但是，旁人在看到这样的孩子时不觉得他们有问题，也就不容易察觉，久而久之会让这样的孩子压抑自己的记忆、情绪、感觉，甚至引发解离症状。

　　高敏感的孩子，拥有心思细腻又丰富的感觉世界，以及负面情绪的内在世界，大人若没有相对的心理防御知识和理解，也没有用心面对他们的话，恐怕无法看到问题的本质。

((Ψ)) 容易被忽略的手足问题

不论哪个家庭的兄弟姐妹，都会为了争夺母亲的爱而争吵抢夺，若母亲的态度是"每个孩子都很可爱""每个孩子都很重要"，或许就不会有太大的问题；但如果母亲对孩子们的爱有明显的差别，就会影响孩子的心理。

最明显的例子就是兄弟姐妹中有障碍儿时，尤其是重度障碍儿，母亲的注意力往往会集中在障碍儿身上，即使其他孩子在发展上有轻微的凹凸情形或高敏感情形，也很容易被忽略，放任孩子自行发展，让这些无法充分获得母爱与照顾的孩子压力越来越大。

还有一种情形是，其他孩子也很努力地帮忙照顾重度障碍儿，但其实他们心底仍希望母亲能给自己满满的爱，他们只是在忍耐而已。越善良的孩子越会压抑自己，认为"自己不能太任性"，所以同样会累积压力，最后变成帮忙照顾兄弟姐妹的善良孩子，不敢说出内心话，也不敢让任何人看见自己的软弱。

高敏感孩子也是一样，因为拥有一颗善于察觉的心，所以更容易产生心理挣扎。一般来说，兄弟姐妹之间不论年龄如何，通常都是感觉较迟钝的孩子会对敏感的孩子发脾气，妈妈就因此袒护敏感的孩子。结果反而让较不敏感的孩子更生气，在妈妈看不见的地方，偷偷欺负敏感的孩子。

不过也有这样的例子。有位男性从小就非常敏感，而且很胆小。妈妈为了照顾他伤透脑筋，后来开始厌倦他并慢慢地疏远，转而去疼爱弟弟，让他产生强烈的孤独感，变得不再相信人。这样的案例也时有所闻。

在为孩子们诊察心理问题时，通常只会诊察孩子本人，但其实连父母也应该一起诊察，才能找出真正的原因。而且不能只看亲子之间的问题，也要去了解兄弟姐妹之间的关系，以及母亲的爱对兄弟姐妹的影响，这一点绝对不能忽略。

((ᴪ)) 如何选择学校的环境

对心思细腻又敏感的孩子来说，环境是影响发展的重要因素，那么该如何选择学校呢？

有个开朗活泼却又超敏感的孩子，他在上小学六年级之前一直是班上的开心果，喜欢帮助人，超级贴心。他的母亲是个高敏感族，父亲却无法理解这一点，幸好妈妈理解他，让他尝试各种挑战。但后来他开始无法好好上课，常常得去保健室休息，上初中之前，更因"恐怕无法待在一般的班级"而选择了特教班。

没想到在特教班里遭遇瓶颈，让他开始拒绝上学。

后来我建议他换个环境或许会比较好，于是他转到规模较小的学校就读。值得庆幸的是，这个决定是正确的，转学后的他又重新活跃起来，因为新的环境不像以前一样，得战战兢兢地顾虑其他同学。

对于高敏感的孩子来说，刺激越少会越轻松。小规模的学校和大学校相比，学生较少，环境更悠闲，对高敏感的孩子比较有帮助。不过人数少的地方，容易有空间闭锁的问题，万一被排斥，甚至被霸凌时，就会无处可逃。

大学校因为人数多，有许多拥有独特特质的孩子，刺激自然较多。但也因为存在各种个性不同的孩子，所以多元价值观更容易被接受，处在其中会更自由。

有个孩子因为高敏感而容易疲惫，初中时转到人数较少的乡下学校就读。由于人数较少，果然大大减少了刺激来源，让他觉得非常轻松，但没多久就开始觉得"上学好无聊"。高敏感的孩子多数都比较早熟，所以对这个孩子来说，感觉学校同学很幼稚，让他迟迟交不到朋友，后来果然拒绝上学。

所以，我很难用一句话来总结学校环境该如何选择，只能慢慢探索学校的环境是否适合孩子。

与老师之间的关系也是一个问题。

当孩子对一个人持有负面印象时，就只会用负面印象来看这个人，即使这人过往都是孩子的伙伴，仍有可能瞬间被孩子转列为敌人。因为高敏感的孩子一旦讨厌某个事物，就会彻底厌恶和该事物有关的一切。

高敏感的孩子最怕歇斯底里、高压、用尖锐声连珠炮似的说话的老师，因为高敏感的孩子最怕人发泄情绪。艾伦博士也说过："在安心的环境里能顺利成长，在害怕的环境里会将高敏感表露无遗。"原本天真无邪的孩子，却在换了采用高压态度、无法理解孩子的老师后，突然变得神经质，一切都不再顺利，最后干脆拒绝上学。

和老师合不合得来，对孩子来说是很大的问题，尤其对高敏感的孩子来说，这个问题更大。

((Y)) 家庭问题对高敏感孩子很危险

心思细腻的高敏感孩子，也会直接感受来自家庭的压力。

这是另一个孩子的案例。他的父母都有神经发展障碍症，因此无法好好地照顾他，后来吵到离婚，但双方都不想要小孩，于是孩子被其他家庭带去抚养。

在这孩子就学后，他们来找我咨询如何面对这个孩子。这个孩子原本就在家里承受各种压力，成长过程中也因此留下心理创伤，加上天生就具有高敏感特质，还有点神经发展障碍症，所以不擅长与人建立人际关系。这孩子听觉很敏感，怕运动，尽管头脑很聪明，却有"书写"方面的学习障碍，看得懂字却无法写。

由于他功课不错，所以进入一般高中就读，但高二时结交了坏朋友，行为因此开始走偏，也开始对抚养他的人恶言恶行。

　　尽管如此，对方仍继续抚养他。

　　上大学后，或许是以往紧绷的心情突然放松，他不再去上课。尽管是个有许多优点的孩子，但可能是受伤太深了，才会迷失而走偏，行为越来越偏激。

　　这个心理受伤的孩子，最大的问题是自我意识太弱，没有想做这个、想做那个的想法。小时候父亲骂他、否定他，他也不反抗，只是拼命忍耐，妈妈也不太管他。幸好有人接手照顾他，但尽管领养人努力给他爱，仍旧无法代替亲生父母的角色。或许在他没走出自己对父母的埋怨之前，恐怕一生都无法活出自我。

　　另外还有一个案例。

　　女孩还小时，父母就离婚了，之后便一直跟妈妈、外婆同住。外婆是一个很严厉的人，她被教育成一个行事认真的人，其实她不过是在勉强自己努力，设法当个乖孩子罢了。

　　高中时终于出现变化，她患了丑陋恐惧症，也称为"青春期妄想症"。她变得很在意别人怎么看待她的容貌与身上的气味，也不敢照镜子，甚至很害怕别人的视线。她会随身携带菜刀和剪刀，最后甚至带菜刀去上学。

　　妈妈终于发现她的异状，赶紧带她去医院，当场就被要求住院。

　　她带刀的目的并不是想伤害谁，纯粹是害怕别人看自己的眼光。为了保护自己，她才随身带刀。她非常没有自信，自我评价也很低，还有很严重的躁郁现象。住院后，也不想和人往来，都是一个人独来独往。

　　出院后，她搬去爸爸家，没多久就发生冲突，没办法在一起生活。然后，她又回到妈妈身边，但照样是和家人不和，整天争吵。后来，就发现她有偷窃问题，还被警察带走。尽管她想法很纯真，行为却存在偏差，连打工都持续不久。

　　她妈妈是个很容易焦虑的人，而且比较强势，总会要求女儿"不可以做什么"，这个不行、那个不行，她就是在这样的家庭束缚下长大。爸爸基本上都会说"没问题、可以"，但因为她的偷窃问题，爸爸很担心，因此忍不住对她多说几句。她本人一直觉得自己被家庭绑住，快要喘不过气。

　　我直觉认为她应该先离开家，于是介绍她加入某群体生活，那里的方针是"自由做自己想做的事"，之后她果然不再出现偏差行为，情绪也逐渐稳定。

(ψ) 身心的问题，
容易在青春期显现

　　多数孩子在十岁左右会开始萌生自我意识，青春期后出现心理与身体不平衡的状态。通常孩子会因无法承受这样混乱的自我而变得脾气暴躁，但到了十七岁左右，就会逐渐稳定下来，这是我们一般人的成长过程。唯有在青春期时让挣扎显现出来并慢慢升华调适，之后的人生才能过得更顺利。

　　问题是那些外表看似乖巧的孩子，反而需要多加关注，尤其是不随意将情绪、感觉表达出来的孩子最危险。

　　高敏感族通常有艺术性与创造性较高的特质，但是这个特质也容易让他们因此患上心理疾病。说白了，他们同时拥有危险性与艺术性，就像一把两面刀，所以生长环境非常重要，因为环境能改变一切。

初中时期是孩子们脾气最容易暴躁的时期。

有个高敏感的孩子，个性非常成熟，也很喜欢和大人在一起。他虽然拒绝上学，却在同样拒绝上学的孩子们中成为人气王，在合唱团和广播社里有活跃的表现，常参与各种活动。他明明这么活跃，却拒绝上学。由于他脾气很暴躁，在家里都会像变了一个人似的大暴走，妈妈觉得无法处理而带他来求诊。

青春期是孩子成为大人必经的重要时期，往往也是让孩子深感困惑的时期，因为在这段时间会出现各种混乱，让孩子夹在好的自己与坏的自己之间。我一直告诉他"要正视存在自己内部不好的一面，并承认那也是自己"，但当时的他根本听不进去。

即使如此，孩子依旧会长大成人，或许是经过这样痛苦的时期后从谷底翻身，他后来告诉我："医生，我总算找回自己了。"

((Ψ)) 青春期容易引发的感情问题

　　高敏感孩子中常见的成人化儿童，是一种无法主张自己的特质，也是一种认知扭曲的表现，所以常常会说"像我这种人"。一旦这种自我否定的情形太强烈，就会导致更疲惫，甚至一蹶不振。

　　成人化儿童似乎都很怕"对等"，因为没有自信、没有个性、不敢主张自己，所以无法与人建立对等关系。这种情形不只会出现在恋爱关系上，也会出现在交友关系上。因为个性较软弱，所以容易被欺负，有不少人就是因为被依赖、被霸凌、被利用而来向我求助。

　　同为高敏感族的人互相认识后，都能彼此理解，也能在交往过程中，体会对方的痛苦。

　　想找到能顺利交往的对象，必须对自己有自信。若习惯遇到什么事都自责的话，对方自然会把问题推到你身上，最后你就会因为承受不了而爆发。为了避免这样的情形发生，一定要认同自己、原谅自己。先认同自己，然后学习如何呈现自我，直到能表达自己的意见，展现真正的自己。

此外，勇敢走出去也是很重要的一件事。

我认识太多因为受伤而失去自我的人，也看过很多因为想得到对方的爱，不断牺牲付出、祈求回报的女孩，因为她们都没有自我。有些人在家乡被人投以异样的眼光，活得很痛苦，勇敢地离乡背井到别处去，结识各种新的人事物，才逐渐恢复活力。

曾有一个孩子说："我在老家那边被当作怪人，后来来东京读动画学校后，发现没人当我是怪人，因为大家都和我是同类。"

世界这么大，一定有适合自己的容身之处，一定有能让自己活跃表现的地方。

把自己局限在一个地方，可能不容易遇到能理解自己的人，但只要跨入外面的世界，或许就能找到适合自己的人。所以别顾着害怕，应该大大扩展自己的行动范围。

（（Y）） 超感觉，
是因为超敏感才感觉得到

　　记忆这种东西，只要伴随着感觉，就能被鲜明地保留下来。

　　有许多高敏感族对小时候的事记得一清二楚，甚至连出生时、出生后、襁褓时期的事，都记得牢牢的。这或许是因为感觉太强烈，才会深深留下印象。

　　但我认为在人类的感觉当中，还有一种"超五感"。以听觉来说，就是"超听觉"，能听到一般人根本听不到的声音；若是"超视觉"，就能看见一般人看不见的东西。味觉、嗅觉、触觉也一样，有些人在这方面的感觉比一般人强烈许多，拥有超越五感的感觉。换句话说，

"幻听"和"幻视"或许就是超听觉、超视觉的另一种表现，并非异常，只是感觉特别敏锐而已。

许多高敏感的人，都拥有这种超感觉。

我只要多讲一些这种话，就会被卫道人士批评："你不是医生吗？居然这么不科学。"其实这世上存在太多无法用科学解释的情形，我只是接受这些"事实"罢了。

除了超感觉外，还有心灵之眼（Mind's Eye）、联觉（Synesthesia）、学者症候群等，第5章会详细说明这些能力，在此仅简单叙述。

"心灵之眼"是指能将想象的东西视觉化，并从各个角度来观察。也就是能将浮现在脑里的想象化为实体，并转换角度来看这个实体。这种"心灵之眼"甚至可以不受限制，自由飞至各处。

"联觉"是指不仅能对刺激和资讯产生相对应的感觉，也能同时产生不同种类的感觉，是一种知觉现象，例如从文字和数字里感觉到颜色，或从音乐和声音里感觉到颜色，等等。

至于"学者症候群"则是指有智能障碍或发展障碍的人，对某一小部分的领域具有超人般能力的情形，例

如不看年月历也能随机说中某年某月某日是星期几，或
将瞬间看到的东西完全记住，连细节部分都能精准画下，
或只看过一次的书，就将内容全部熟记下来，等等。

　　虽然不是全部，但高敏感孩子当中确实有一部分孩
子拥有这样的能力。

⟨Ψ⟩ 否认解离症状会更无法摆脱困境

　　我开设的医院有许多重症孩子前来求诊，但是每个人的高敏感会依环境而有不同的表现，有的活得很痛苦，有的无法适应社会，最严重的情形就是出现解离性障碍。

　　在此介绍其中几个案例。

　　有个非常优秀的孩子，他有高敏感、界限感太弱、解离性障碍等问题。小学一年级时他就读了很多书，因为他会去图书馆借书，平均两三天就可以读完十本书。到了六年级，他开始写电影剧本。但是，他从五年级开始常出现瞧不起大人的言行举止，不怎么配合学校，也曾被霸凌。

　　上初中后，他加入运动社团，后来还被选为社长。

但他责任感太强，一直认为自己不适合担任社长工作。他对同学一视同仁，社交能力很强，也懂得回避可能的争执，事事以同伴优先，很能站在他人的立场来思考。

光听这样的描述，会觉得他应该没问题吧。但其实这都是因为他界限感太弱的关系。同学找他商量，因为他界限感太弱，很容易对人感同身受，因此会把别人的事当成自己的事在烦恼，并深深沮丧。

他在家时会和爸妈或兄弟争吵，虽然做事的速度很快，却没什么耐心，而且只专注自己的事。当他在玩电脑时，眼神完全不一样，可以一整天专注在电脑上，然后隔天因为太累而无法上学。

小学六年级之后，他常常出现记忆空白的情形，也常常睡不着，而且越来越分不清梦境与现实。他还会无意识地向人道歉、傻笑，甚至会对人口出恶言，事后才后悔。他凡事都想得很多，而只要一陷入思考，有时就会出现经验再现的情形——脑子里突然浮现某个场景、某个气味或是玩具。

初二时，他因为被发现有自残行为而被送去住院。原来，他有三个人格，外在、内在以及另一个自己。具体来说，有四岁时任性又自私的自己、身为成熟大人的自己，以及站在保护者立场的自己，三个人格在他身体里纠缠不清。

小学五年级之前，成熟大人的自己压抑了四岁的自己，但当这个压抑被挣脱后，四岁的自己开始大暴走。

高敏感的孩子被逼到绝境时，有时心里会出现其他人格，产生解离症状，这个孩子就是其中一例。但他的父母无法理解，他只好自己去整合这三个人格，努力面对这痛苦的生活。后来他进入一般高中，也上了大学，现在就读研究所，而且不再来找我看诊，我想应该是好很多了吧。

另一个孩子不仅出现解离症状，还出现多重人格。

这个孩子曾在小学一年级时，跟我叙述他出生时的记忆，而他的妈妈从他小学三年级时，就觉得他似乎能读取人心。

但那时孩子的老师会严厉斥责别人，让他每天很害怕，导致他脑中一片混乱，他甚至感觉自己会说谎，还因此变得越来越坏。四年级时，他会突然口出恶言，大骂对方"笨蛋""去死"。走在人多的地方时，他会觉得有人盯着自己，身体因此开始出现状况。

父母在他小学四年级时离婚，他便转学跟着妈妈生活，却对妈妈说"都是你，害我的人生变得这样"，还出手打妈妈。五年级时，他常常发呆，有时还会失去记忆，他就是从这时候开始出现解离现象，也常说"很想死""我要死""我有解离性障碍"，开始反复进出医院的生活。

这个孩子将他人的种种情绪全部放在自己身上，才会因此脱口而出各种恶言。他还被周围其他孩子影响，只要看到有小孩被霸凌或被欺负，就产生和那孩子一样的情绪。他就在这种过度同调的状态下，不断被周围人影响，感受别人的负面情绪，才会让平常看似乖巧的孩子，突然变成坏小孩。

自我意识强烈的孩子，会拒绝自己讨厌的事，并将自己的感应开关关掉。但这个孩子因为无法自行控制，所以始终维持打开的状态。由于没有自我，才会轻易地受影响，将各种东西全加在自己身上。

而诊断结果显示，他是一个高敏感又有亚斯伯格综合征和解离症的孩子。

((Y)) 关于解离症

解离性人格有三种。

第一种是因为自我太弱，无法承受现实，导致出现另一个人格，而这个人格会在当事人无法承受时，代替当事人接受这情绪。通常会知道这是几岁时的自己。虽然一直内存于心里，但有时也会显现在外。

第二种是内化在心里，根本不是自己的自己。这种人格会因过度同调，将生者或死者的意念加诸自己身上，而且是长时间地盘踞在心里。

第三种是自己想象出来，并对此深信不疑的人格。通常是因为有所期待，才会创造出各种自己喜爱的人格来。

意识不在此处，思考和情绪以及感觉无法整合的状况就是解离状态。高敏感孩子常出现各种解离症状，觉得自己不是自己。很多孩子都有这种问题，因为外表看不出来，所以我会用确认项目表来评估。

但多数精神科医生并不了解解离症状，才会在病患出现幻听时，诊断为统合失调症。简单地说，就是把医学无法说明或者无法做出诊断的情形，全部归于统合失调症。难怪以前会有专家批评："统合失调症就和垃圾桶没两样，不知道的都被丢进那里。"

但是，现在并不会因为出现幻觉和妄想就认为是统合失调症了，因为越来越多的人知道解离状态。不论是统合失调症的人，还是有解离症状的人，同样都有幻听的问题，只是内容不太一样。

有统合失调症的人，不认为自己生病了。即使被问："这样很怪吧？"他也会回答："不会啊，是你不知道而已"。但有解离症状的人，如果被问道："这样很怪吧？"就会回答："对啊，我也觉得很怪，但就是有这种感觉""很怪吧，但我就是听得到。"

高敏感的孩子也看得到、听得到、感觉得到，有时会看见天使，有时会看见矮人，有些孩子从小就能看见各种东西。这种情形要说是病还是特质，很难有定论，但若自己无法控制自己时，或许就该认为是生病了。

8% 的孩子都有幻听体验，但多数孩子并不会害怕，也不认为异常，通常都能用沟通的方式逐渐摆脱。

((Ψ)) 为什么会出现解离症状

　　有一个非常不可思议的现象，有解离状态的孩子，身体较冷，手脚却很温暖，甚至可以说是有点发烫。或许这是因为他们的交感神经较旺盛的关系。

　　因为解离而出现的人格，基本上是为帮助自己而被创造出来，因为自己办不到，才会出现另一个人格来协助处理。但是有时也会有些复杂，例如遭到性侵时，当事人的意识会因解离而被抽出，而留在身体里的意识不只会对加害人充满恨意，更会责怪让这种事情发生的自己。

　　因解离而被抽出的人格，在一段时间后会回到体内，但因为当时意识跑到身体外面，所以就不存在这部分的记忆。但是，留在身体里的人格有这段记忆，因此一旦看到类似的场景，情绪就会瞬间爆发。原本是为解救自己而创造出来的人格，照理说应该是对加害人发怒，但因为当事人当时的意识离开身体，留在身体里的意识因此反过来对自己发怒，让自己更困扰。

因为敏感而产生的心理负担，若放任不管，有时就会出现类似的情形。

由于高敏感孩子敏感细腻，所以会压抑情绪，让自己不再是自己，但被压抑的情绪，事后很容易变成愤怒宣泄，因此有必要帮助孩子去注意自己被压抑的情绪。

前世记忆、胎内记忆、"超五感"、直觉、不易外显的解离……在众多敏感的孩子中，某些孩子具有这些特质。每次我只要遇见这样的孩子都会觉得他们"很了不起""很厉害"。我认为高敏感族和高敏感孩子代表另一种不同的意义，即使有疾病或障碍症状，也同时拥有多数人没有的特质，有些孩子甚至拥有不输给大人的内心。

高敏感孩子、有障碍的孩子，或许在某些地方做不到一般孩子做得到的事，但相对地，他们也拥有一般孩子没有的特质。拥有障碍的状态，就像有凹也有凸一样，他们都拥有肉眼看不见的某些珍宝。

圣·埃克苏佩里的《小王子》里，有一句名言是"真正重要的东西，不是眼睛看得到的"。对于因过度敏感而辛苦生活的孩子们，我们应该更正视他们拥有肉眼看不见的能力——这也是我一直想主张的地方。

Chapter 04

高敏感孩子家长
该做的事

(Ψ) "在家一条龙，在外一条虫"的警讯

　　在高敏感孩子当中，有些人是在幼儿园或学校里都"不哭""不说""不抱怨"的乖乖牌，回到家却会对家人发脾气，典型的"在家一条龙，在外一条虫"。回家后才把压力发泄在妈妈身上，任性地要求妈妈"做这个""做那个""不这么做不行"，只要稍不顺心就大哭大闹，依赖性超强却又表现得人小鬼大，小小年纪就已经像个小暴君。

　　深感困扰的妈妈们，就算找学校老师商量，也会因孩子平常在外表现乖巧，而无法得到老师认真的回应，说不定还会被老师劝说"妈妈你想太多了""他应该只是想撒娇啦"。某些母亲被逼得走投无路，泪眼汪汪地来向我哭诉："医生，这孩子真的很难应付，我真的好累，该

怎么办。"

　　这些拥有两面个性的孩子，心理究竟出了什么状况？

　　"在家一条龙，在外一条虫"的心理机制，若以137页"人生三角形"的图来思考，应该可以很容易理解。当较强势的他人对自己做了某事时，外在的自己会对内在的自己做一样的事，而内在的自己再对他人做一样的事，形成一种三角关系。

　　这是心理学家丽姿·布尔波在《五种伤，五种假面：认出内在的伤痛，找到真正的自己》里描绘的图。

　　当孩子在外面被人说东说西或是受到不当对待时，如前所说明，即使对方没有恶意，孩子仍有可能因为感觉而承受压力。但尽管孩子心里觉得"不喜欢""不对""不希望对方这么做"，也无法直接将情绪表达给对方，因此成为"在外一条虫的孩子"。回到家后，孩子才将情绪发泄在会接受自己的妈妈身上。简单地说，孩子只是将在外面遇到的压力，带回家里发泄罢了。

　　在这个三角形里，下面的箭头代表"自己对自己"，这一点非常重要，因为在向妈妈任性发泄之前，还有一个阶段就是外在的自己（身体）会将他人对自己做的事，转过来对内在的自己（心）发泄。

假设有个孩子其实很胆小，却不承认。当他被别人说胆小时，即使自认"没有这回事"，但因为不敢反驳对方，只好自责"我好胆小"。而回家后，明知是自己胆小，却对温柔的妈妈说"妈妈很胆小"（因为他无法说自己胆小，便责怪妈妈）。在孩子的心里，会出现相同的连锁反应。

如同水会往下流一般，压力也总是流向容易承受的一方。对孩子来说，妈妈随时都会接受自己，和自己一样是个不会反驳的人，才会把自己受到的不公平待遇全发泄在妈妈身上。

明明在外表现乖巧，回家后却口出恶言，甚至动粗，一切都是因为需要发泄，才会把这些情绪丢向不管如何任性都不会反抗的对象身上。"在家一条龙，在外一条虫"表示其实在外面不敢有情绪表现，千万不能漏了这个信息。

尽管如此，比起不论对谁都不敢发泄的情形来，孩子愿意这样表现已经算是好的，若连在家都没有地方可以让孩子倾吐，孩子只好将一切全往内吞，最后恐怕连心灵都没有依归。

人生三角形

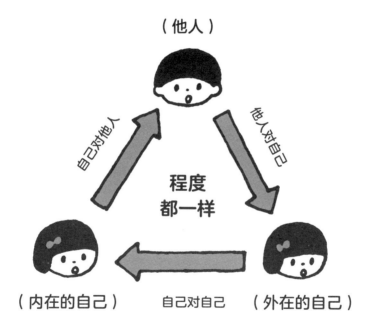

　　人际关系上的种种问题，几乎都可用这个三角形来解释。

　　大家或许会认为在学校遭到霸凌、在家里被父母虐待的孩子，因为明白这种痛苦，所以"己所不欲，勿施于人"，一定不会对他人这么做，其实不然。当外在的自己不断攻击内在的自己，一旦内在的自己无法承受，就会将压力矛头指向比自己还弱的人，所以才会出现被害的孩子反而变成加害者的连锁反应。

《ψ》停止自责、拥有自我肯定感

那么，该怎么做才能斩断这个三角形的恶性循环呢？

首先就是停止"自己对自己"的攻击，简单地说，就是停止自责。

被人批评"胆小"时，若无法当场反驳，回家后就要告诉自己"我并不胆小"。具体方法就是举出自己的优点，例如"我如果胆小，就不可能做到这件事，我有面对挑战的坚强意志"，努力地自我肯定，决不能陷入自责的回路。

要达到这个目的，平常就要养成重视自己真心话的习惯，营造让自己说出真心话的环境，说出自己"想这么做""想那么做"。然后和妈妈或是爸爸尽量多交谈，若能借此消除愤怒与不满，就能减少因为情绪激动而爆发的机会。

而最终目的是要在外面发生任何事情时，都能当场反驳对方。为此，一定要拥有自我肯定感。

不论什么理由，都不能允许霸凌发生，即使被霸凌的一方确实有错，也不能成为理由，因为施暴者就是不对。只可惜高敏感族很会为对方着想，所以有不少孩子即使被霸凌欺负了，仍会说"都是我不对，拖拖拉拉，才惹对方生气"，不仅不会责备对方，还会反过来认为自己不对。这或许也是善良的表现，但这种情形只会让自我变得更弱，让自己更痛苦。

要让孩子有自尊心，周围的大人在此时应明确地告诉孩子："不，这件事是对方不对。""你能这样替对方想很了不起，但是在替对方着想之前，你要先珍惜自己。"

不论家庭里的虐待问题，还是夫妻间的暴力问题，甚至是学校里的霸凌问题都一样，有些人会说："为什么被人这么欺负还不说'不'？"但容易被如此对待的人，都是无法自我主张的人，这也是他们的弱点，因为自我太弱了。

有些人听到原因出在自我太弱时，会反过来说"所以说，会被如此对待的人，自己也有问题喽"。事实上，被害者没有错，纯粹是因为低自尊、无法表达自己，才会引发问题。

　　如果不趁着孩童时期让孩子拥有自尊与自我肯定感，到哪儿都容易被人欺负，尤其是心思细腻又自我较弱的孩子，周围的大人一定要多加注意。

((Ψ)) 过度保护其实是"柔性虐待"

有一对母女，两人都是高敏感族，因为妈妈自己有这样的经验，非常了解这种痛苦，所以总是很努力地保护女儿。

虽然女儿从幼儿园时期就很怕团体生活，但还是乖乖去学校。进小学后，刚开始也照样去上学，但到了小学四年级时，她开始拒绝上课。于是她被转到特教班，但她无法自己一个人上学，只要没有妈妈陪，就不敢去学校，她甚至会和大家错开时间，特教班老师也对她采取一对一教学方式，而且妈妈都陪在旁边。

后来老师终于发现不太对劲儿，因为这孩子总是很在意妈妈的一言一行，不论做什么事，都是为了不让妈妈讨厌，而非出于自己的意愿。即使她有心里想做的事，只要妈妈不希望她做，她就会放弃，所以老师发现"妈妈才是她的压力来源"。

当父母自己是高敏感族时，常常会出现因为担心孩子而过度保护、过度干涉的情形，这对母女也是一样。妈妈或许认为自己很尊重孩子，都会让孩子自由发挥，她只是陪在一旁而已，但其实这样只会给孩子无形的压力，完全束缚住孩子。妈妈随时都在旁边守着，加上孩子很敏感，自然知道要做什么事妈妈才会开心。因为孩子随时都在观察妈妈，才会在下意识里说妈妈想听的话、做妈妈期望的事。

以这个案例来说，与其说是妈妈绑住了孩子，不如说是孩子在迎合妈妈。孩子做什么事都不是因为个人意愿，而是想帮助妈妈的心情，才会停止自我主张。所以千万别因孩子有高敏感特质，不容易适应社会，就过度保护孩子，必须帮助孩子说出真心话，才能帮助他们成长。

能坦率表达自己的感觉与情绪，才有办法让自己变强，所以有高敏感问题的人，绝不能将自己的情绪和感觉隐藏起来，要学会不喜欢时就说不喜欢。这一点非常重要，必须拥有主体性才行。

　　当我对这位妈妈说，孩子是想帮助你、讨你欢心，才下意识这么做时，妈妈却回答我："这绝对是出自她本人的意思。"其实这位妈妈没能察觉，越是努力想保护孩子，反而越让孩子无法靠自己的力量活下去。应该保持一点距离，才是为孩子好。

　　由于妈妈自己也是高敏感族，虽然很体贴，但界线感太弱，才会对孩子产生同理心而不断介入，而孩子也只是做妈妈期望的事。这对母女不只有母亲过度保护、过度干涉的问题，还陷入了共依附的状态。

((Y)) 在"心理界限"受侵犯下长大的 危险性

以外国的案例来说，有多重人格问题的人，超过90% 都和性虐待有关。但日本的调查发现，这种情形只有一半左右，其余的一半来自身体虐待、弃养等"暴力虐待"，以及过度保护、过度干涉等"柔性虐待"。

通常"虐待"一词是指不由分说让对方屈服、压抑自我的情形，尽管"柔性虐待"没有用到暴力行为，但就结果来说，和"暴力虐待"没有两样，都是想支配孩子。因为孩子是高敏感孩子而过度担心、过度保护，结果变成柔性虐待。

在性暴力加害者当中，会露出生殖器、伸出"咸猪手"猥亵被害者的人，许多都来自妈妈过度保护、过度干涉，而爸爸常常置身事外的家庭。因为缺乏社交技巧，不懂得如何接触女性，才会变成性暴力加害者。

在被过度保护、过度干涉下长大的孩子，社交技巧往往较弱，个性消极。但他们又对异性很感兴趣，不敢大大方方地接触，才会有这种偷偷摸摸的行为，甚至认为"我又没有真的摸，我只是拍照而已，有什么不行？"他们无法理解这种偷拍行为，也是侵犯对方的隐私。因为他们从小就活在被父母侵犯隐私的状态里，所以认为这么做很正常，无法正常判断这是不被允许的行为。

至于接触型的性暴力加害者，多数都是被父亲不当对待而长大的男性。一般来说，发生这种情形时，母亲会出面保护，让孩子在精神上取得平衡。但若母亲没有发挥盾牌功能，孩子的心理就会逐渐扭曲，最后为了发泄自己的郁闷情绪，将矛头指向比自己更弱的人（通常都是女性）。

被蛮横的父亲暴力相向而长大的孩子也是一样，因为父亲的异常行为而产生"既然如此，对别人使用暴力也是应该"的想法。从性暴力加害者的暴力特质来看，可知成长环境与父母的养育方式，对当事人有多大的影响。不妨再回想一下先前的"人生三角形"，他人（此时是父母）对自己做的事，会让自己对自己的心发泄，最后再将这股郁闷情绪，发泄在他人身上。

有一种思考模式被称为"心理界限"，常被用在性暴力加害事件上。界限意识太弱或缺乏的人，基本上不会有"不能侵犯他人领域"的意识。

不曾被尊重过心理界限的人，由于没有这方面的体验，当然就不懂得尊重他人的心理界限，所以当自己被暴力对待时，自然会对他人回以暴力。要保护自己就必须拥有心理界限的意识，同时尊重自己的信念、自己的特色。

有些人不清楚自己到底是什么，对于自己的信念、自己想成为什么样的人，只懂得用头脑思考，完全不知道用心感受并采取行动，这样的人多数都是在界线受侵犯的情形下长大。

大家都说不好好使用大脑和肌肉的话会越来越衰退，精神和心理层面也一样，若从来不懂得主张自己，一旦想主张想表达也会说不出来。

（Ψ）无法疼爱孩子的恶性循环

在缺乏父母关爱下长大的人，还有另一个问题，那就是不懂得如何爱自己的小孩。

有个案例可以参考。有个从小就很敏感的女孩，母亲似乎也对她的过度敏感感到厌烦，所以她说"妈妈很讨厌我"，而她的父亲则是个一不开心就会动手打人的人。后来父母离婚，她跟着妈妈生活，但妈妈对她几乎是完全不管，只知道和男人出去玩，很少理她，让她的孩童时代非常痛苦。

后来她结了婚，生了女儿，并发现女儿似乎也有高敏感特质，她觉得"烦死了"，但同时也觉得"不想让女儿和我一样"，她就在这种矛盾的心情下度日。

这个案例里的她，就是成人化儿童，由于父母没有给予充分的爱，让她心理受伤，没有自信也没有自我肯定感。她在当了妈妈后，从孩子身上看到以前的自己。

"不想让女儿和我一样"的意思，就是"我曾经如此"，而这种感觉会传染给小孩。因为当父母有较强的不安时，会表现得焦虑，而孩子们都能感受到这股焦虑，就像爸爸妈妈在吵架时，不平静的气氛会传染给胎儿或婴儿一样，因为高敏感孩子就是能敏锐察觉。

先前也提过表观遗传，即使拥有相同的基因，会不会表现出来，完全看开关是否被打开。如果她真心期望"不想让女儿和我一样"，就该给孩子爱，别让孩子的负面基因开关被打开。只可惜她自己是在不被疼爱的环境下长大，导致她也不知道该如何爱孩子。

这种时候，我会先设法帮助妈妈们解开对过去的心结，告诉她们"好好鼓励一下努力到现在的自己"，先治愈她们的心灵。因为只要妈妈的心灵没有得到疗愈，就不可能帮助孩子拥有一颗平静的心。

((Ψ)) 存在身体里的男性化与女性化

　　提出"人生三角形"的丽姿·布尔波曾说过，存在自己内部的男性化与女性化，同样决定于自己与父母的关系。

　　当和母亲关系不佳时，内部的女性化就会不足，也就是缺乏母性；和父亲关系不佳时，内部的男性化就会不足，也就是缺乏父性。若能回顾孩童时期，解开纠葛的情绪，转换心情认为"那已经是过去的事了，不用再计较"，那么前面案例中的妈妈，心情一定能轻松许多。

　　不论男人还是女人，都拥有男性化与女性化的一面。因为不论何种性别，都同时存在男性化因素与女性化因素，只有女性化因素过强或只有男性化因素过强都不行，必须让两者维持平衡。最理想的方式是平衡利用两性因素，太宠爱也不行、太严厉也不行，这点对妈妈尤其重要。

养育孩子需要同时发挥父性与母性的功能，偏向任何一边都会有问题。当然，若偏向某边时有配偶在旁协助就没问题，否则一定会产生偏差。有些母亲不敢骂孩子，这表示她的父性太弱，虽然温柔对待孩子是好事，但该骂时还是要出声，否则无法教育好小孩。

父母若想被孩子信赖，就必须拥有能让孩子安心的要素，所以不能看心情好坏来骂孩子，否则会失去孩子的信赖。

不论孩子还是父母，都不能只有"努力"或"不努力"的选项，应该还要有"不管哪一边都没关系"的选择，这样才能展现自我。努力是指压抑自己真正的想法，设法让自己无限延伸的意思。虽然在人生中，确实会有需要努力的时期，但若一直让自己伸展下去，最终很容易脚抽筋。应该还是要先让脚跟稳稳踏在地上，才有办法继续伸展。

((Ψ)) 回溯自己与父母的关系

要为孩子治疗，就要先治疗父母。

若不想让孩子在精神上出状况，就得先回头看看自己过往的人生历程。与父母关系健全的人，自然懂得如何与孩子建立良好的亲子关系；若与父母的关系有嫌隙，就会影响到自己和孩子。

眼前的现象，其实是反映自己内心的镜子，这种情形被称为"镜子法则"。

简单地说，与其思考想和孩子建立什么样的关系，不如回顾自己和父母的关系。看到孩子有困扰时，其实应该先改变自己，但这里说的改变，不是要你真的做变化，而是先去认同、接受。明白孩子反映出来的就是身为父母的你的内心。

你是否被社会常识给束缚？

你是否被自己束缚住？

你是否否定自己？

对孩子有心生讨厌的感觉，即使没有说出口，他也会知道。但这个"讨厌孩子"的心情，说不定来自"讨厌小时候的自己"，而原因可能和你自己被父母如何对待有关。所以很有可能你"讨厌"的对象并非孩子，而是你的父母。不妨想成孩子是在点醒你深层心理的根源，孩子只是反映出你真正的样子罢了。

孩子如果说"我讨厌妈妈"，他的意思应该是"我不希望妈妈这么做"。换句话说，孩子只是说出他不喜欢、不想看到妈妈做的事，因为孩子们的感觉都很敏锐。

（Ψ） 接受父母与现在的自己

有一个年轻女孩，常常抱怨妈妈。

于是我对她说："你一直强调自己为父母牺牲，但其实你的妈妈也一样。你妈妈也和你接受同样的教育方式长大，她不懂其他的教育方式，你知道吗？"结果在一旁的母亲猛然掉泪，因为她不曾和女儿提过这件事，因为这种事很难直接说出口，所以我才会以第三者的身份，将妈妈告诉我的事传达给女儿。

女儿知道这件事后，哭着说："原来是这样……"她首度明白妈妈的心情，这才消解心里的疙瘩，她妈妈也因此心情轻松许多。

现实世界里就是存在这种连锁反应，因为父母在以前也都是小孩子。

　　但每个人对别人是怎样被爸妈照顾长大的并不清楚，所以当自己要养育孩子时，只能以自己的经验做参考，也因为知道自己是怎么被爸妈养大的，所以在照顾自己的孩子时，自然会用同样的模式。这种情形不只出现在育儿方式上，所有人际关系也几乎是如此形成。

　　例如不被母亲疼爱长大的小女孩，会变成母性较弱的女性，这样的亲子关系也会反映在自己和小孩的身上，此时一定要让母性与父性调节平衡。

　　例如母性很强的妈妈，要懂得可以责骂小孩，暂时扮演爸爸的角色也没关系，不必永远只当个"妈妈"，甚至是觉得很辛苦时，也可以放手。最重要的是，不能因为自己没扮演好某个角色就责备自己，自责会削减自己的能量，很容易陷入忧郁。这时候该做的是肯定自己，认为"这样就行了"，这才是最好的处理方式。

　　在面对心思细腻的高敏感孩子时，重要的是要爱自己、不责备自己。因为孩子的高敏感特质造成孩子痛苦，并非妈妈不对。

　　在面对因为照顾孩子而身心疲惫的人时，我绝不会说"这样不好""应该这么做才对"，因为每个妈妈都很努力，所以我会对她们说"你已经努力这么久了，稍微休息一下又何妨"。我会设法先让妈妈们放松，只要紧绷的精神舒缓开来，原本一直在忍耐、不断累积的郁闷情绪，自然可以宣泄。

在接受孩子的软弱之前，必须先接受自己的软弱。要达到这个目的，就得理解敏感也有敏感的好处，例如比较有同理心、能明白他人的心情，等等，找出敏感的优点，自然能够接受。

另一个重点是别拿自己的孩子与别的孩子比较。对孩子来说，"妈妈不站在我这一边，是站在别人那一边"，或"比起我，妈妈比较重视社会眼光"，都会让孩子失望，因为每个孩子都希望妈妈是他的依靠。

提出"人生三角形"的丽姿·布尔波说孩子有五种心伤。

① 拒绝造成的。
② 遗弃造成的。
③ 羞辱造成的。
④ 背叛造成的。
⑤ 不公造成的。

心理一旦受了伤，人们会隐藏起自己，戴上假面具生活。敏感的孩子因为心思细腻，所以比任何人更容易受伤。当这些伤是父母造成时，痛苦程度会更大，最后留下心理创伤。

　　所以才说孩子的问题，其实也是父母自己的问题。

((Ψ)) 放下爱与恨

　　曾有一位妈妈说"很想杀了小孩"，于是孩子被社服人员带走，三岁半时被送进家扶中心。

　　仔细听这位妈妈叙述后，发现她小时候同样不被父母疼爱，甚至还遭到虐待。由于从未被人爱过，所以不懂什么叫作爱，也不懂如何给孩子爱。因为不知道怎么去爱孩子，看到小孩一直哭闹就觉得烦，她甚至萌生杀意，认为杀了孩子就会安静下来。后来过了十多年，这位妈妈依旧说"很想杀了小孩"，还说"那孩子很讨厌我，所以我也很恨他"。

　　另一方面，她又问我："孩子说不想见我，我该怎么办才好？"据说她的孩子是个敏感又聪明的小男生。但站在孩子的立场，谁会想见一个恨自己还想杀了自己的母亲。

但这位母亲无法理解。我告诉她："因为你憎恨孩子的情绪，他早就感受到了。"接着我还告诉她："那孩子应该也是恨你的，而你也无法真心疼爱他，这是没办法的事。只要你还带着憎恨的心情，就算想骗自己你爱他，也做不到。因为在心里还有疙瘩时，越是想原谅就越无法原谅，这就是人类的心理。你得先承认自己的憎恨心情，但不必因为憎恨孩子、想杀他的念头而自责，也不要觉得自己是个失败的妈妈，只要坦白告诉孩子'你不原谅我没关系，但我还是想见你'就行了。"

　　我曾经在书里写过"要原谅自己""这么做才能得到解脱"，但有人表示："虽然医生说要懂得原谅，但我绝对无法原谅自己的父母。"让我忍不住深思，究竟该怎么做才好？

　　"原谅"是上对下的关系，我也是某次听人说："要自己原谅自己，不会显得自己很高傲吗？"才察觉到这个意思。那人还说其实不必原谅自己也早就得到原谅了，我反问他，那是得到谁的原谅？他回答说"就是这个宇宙"。

　　看起来好像禅问答，其实他的意思就是现在眼前的存在，都是"得到宇宙认可的存在"，这么解释我大概就能明白了。所以说，不原谅也没关系。

当我理解这一点时，突然发现自己不再受缚于"原谅"这件事。

无所谓好或坏，这样就行了，维持现状就行了，不必非得将事情分出黑白，更不必因此懊恼，只要接受现在的自己、现在的对方就行了。就是因为讨论要不要原谅，才会陷入泥沼，其实只要接受"就是这么回事"就行了，光是这点就能改变人际关系。

许多人因为被价值观绑架，所以有话也说不出来，也不敢展现软弱的一面。若想展现软弱的一面，绝对需要"这样就行了"的心情。

要怎么做才能拥有"这样就行了"的心情？一个让人放心的安全场所，确实能让人解放自己，但是这种地方并非到处都是，这时候该如何解放自己呢？

基本上，若不是发自内心地觉得"这样就行了"，就很难展现自己，唯有让自己觉得"已经够了"，才有办法解放自己。

容易负面思考的人，最缺乏"这样就行了"的想法，因为他们总是太认真地思考，所以会自责再自责，最后认为自己是个失败的人。正因为如此，更应设法转变观念，告诉自己"这样就行了"。

《Ψ》 维持现状就行了

不论是谁，都得接受自己的特质而活，无法否定也无法删除。

不是"删除"原有的特质，而是要有"这也是没办法的事""已经够了"的想法，也就是懂得与自己的特质好好相处，不必硬去想着要剔除它，维持现状就行了。

大家都知道高敏感族的心思特别纤细敏锐，那就没有必要压抑或隐藏，不妨好好活用，朝着这个方向发展更重要。

另一个重点是保证他们的自由。

有一个生活在都市里的高敏感族，他说："我快受不了了，救救我！"于是我告诉他："没问题。既然这么痛苦，你就来北海道吧。"结果他真的搬来北海道带广，在这里租房子生活了两个月。因为远离都市的喧嚣，也远离恼人的人际关系，在带广这个乡下地方自在地生活，他慢慢跟我说出他的问题，最后恢复元气回到都市去。

看到他这样，我更深刻地体会到高敏感族要适应社会真的很难，不仅会有过度敏感的问题，还容易疲惫。再优秀的人，也只能发挥一般人的工作效率。

要帮助这些人，不只需要理解他们，并伸出援手，也需要时间、空间。想为他们打造一个合适的地方，需要出现更多能让他们理解"这样就行了"的人，虽然社会上有些人认为他们"只是懒而已""依赖性太重"，但其实真正重要的是懂得对他们说"这样就行了"，而不是责备他们。

当孩子使坏时，妈妈或老师可能会教导孩子，"不可以这么做"，这种情形很常见，所以现实中很难对使坏的孩子说"这样就够了"。但否定只会造成周遭人束缚孩子，孩子自己更束缚自己的结果。尤其是"这样不行"这句话，会让孩子更加否定自己。

所以要接受这一切，认为"这样就行了"。

虽然有人认为不能这样放纵孩子，但我仍要说："先试试看再说吧，因为事实就是如此啊。"

(Ψ) 吐露心声的重要性

　　有一个人因为过度敏感，连医院都待不住，所以也无法住院。她的爸爸是注意力不足、多动症加高敏感，妈妈则是轻微的高敏感，而她从小就很贴心，尽管爸爸会将怒气发泄在孩子身上，但她都和妈妈、妹妹一起忍耐。

　　后来她从事社福工作，但因为对他人的心情过度感同身受，导致无法工作。

　　为了克服自己的敏感，她也很努力。她把自己从小在家忍耐的事、痛苦的事，全都跟妈妈说，妈妈也很有耐心地听她讲。妈妈甚至告诉我，她女儿在说的时候又是哭又是大发脾气，连她都被女儿的生气程度给吓到。总之，女儿把过去的心情全讲了出来。很明显的是她一直在忍耐，直到忍无可忍了，才将累积的郁闷心情爆发出来。

　　经过这个阶段后，她现在可以明确地说出想法，加上原本直觉就很敏锐，头脑也很清晰，状况好到我都觉得她可以去当心理咨询师了。

　　从这个案例可以得知，将压抑在心里的情绪吐露出来有多重要，而一个能够倾听与接受的存在更为重要。

　　我看过无数因为过度敏感而痛苦生活的人。前面也提过，要跌落谷底后才能重生。实际经历过绝望的人，才有办法产生"够了""这样就行了"的感觉，若是中途逃避，只会抱着问题继续烦恼下去。因为这样会使人陷入压抑的思考模式，无法摆脱负面情绪。唯有全部吐露出来，才能让心理负担回归于零，这一点非常重要。吐露心声才能创造出心理空间，接受自己的痛苦，也接受对方。

　　将原因推在对方身上，也不会有任何改变，若不能设法改变自己，同样的事仍会再度发生。霸凌也是一样，只知道说"我就是个会被霸凌的人"，那么被霸凌的情形还是会发生。应该尽早讲出来，接受自己的现状与霸凌自己的人，设法让自己的心境转向"已经够了""我不想再被霸凌"才行。

　　只要能这样做到心理的平衡，即使过度敏感，也能在面对社会、面对他人时，让自己活得更积极。

当爸妈并非高敏感族时

如果高敏感孩子的爸妈不是高敏感族，情况会有什么差异呢？

首先是理解度完全不同。

如果父母不是高敏感族，就很难理解孩子所说的话，有时还会心烦地责备孩子，"你说什么蠢话啊""怎么可以这么任性"，并对此感到焦虑。而前面我们一再强调，孩子会感受到这种焦虑。

敏感情形越来越严重的孩子，父母通常都不是高敏感族。最主要的原因就是高敏感孩子得不到父母的理解，在被否定、被支配的环境下长大。

所以身为父母，千万别以一般人的感觉、以先入为主的观念来否定孩子的言行举止，甚至强迫孩子接受固有的价值观。因为高敏感孩子很容易察觉对方的感受，想要去配合父母的想法，结果就是压抑自己的情绪。

就这一点来说，父母若是高敏感族，比较能理解高敏感孩子的心情。不过以哪种方式展现敏感情形，又会到什么程度，完全依个人而定。一般来说，孩子的症状会比父母严重。比起敏感的母亲，孩子通常会更敏感。

高敏感的父母因为深切体会拥有高敏感特质有多辛苦，所以容易出现前面提到的因过度担心而变成过度保护、过度干涉的结果。总之，身为父母的人，一定要知道这和一般的育儿情形不同。

如果身为父母的你无法理解高敏感的人是什么感觉，不妨从身边的人当中找找看，有没有高敏感族，直接请教对方到底是什么感觉。既然高敏感族的比例是每五人中就有一人，只要多留意，一定能就近找到。

"我想他应该有这种感觉。"

"他绝不是为了让妈妈困扰才故意闹别扭，我想他自己一定很痛苦。"

若能具体问到这种答案，自然能逐渐体会高敏感者的心情。身为父母若能得知"高敏感孩子对任何事都会感受很深"，自然会有"原来如此，我之前都没发现"的

想法。原本因为不知所措而产生的焦虑感，也会在明白
"原来是这么回事"后慢慢冷静下来。

　　还有一点可以确定，那就是高敏感孩子深切渴望父
母的理解。

　　精神科医生水岛广子女士常说"放下审判"，言下之
意是"不需要审判心理创伤"。临床经验已经证实，高敏
感族的自我界线很弱，自我信念也很弱，很容易被他人
影响，无法将之驱逐。而这些都是因为"认为自己没用"
的想法太根深蒂固。

　　要改善这一点，重点不是变强，而是放掉负面因素，
放下判断好坏的审判。如何转念成"这样就行了"，才是
关键。

((ʊ)) 相信孩子

有一个高敏感的初中生对我这么说："妈妈因为我而焦虑的样子，最让我痛苦。"没有孩子会打从心底想要妈妈替他担心，每个孩子都希望妈妈能笑口常开，更不希望妈妈因为自己而烦恼、难过。

泛自闭症作家东田直树先生也在书里写道："看父母为我担心、难过，是我最痛苦的事，很希望父母能笑口常开。"这也是所有小孩打从心底期望的事。所以身为父母的人，更应该多注意这一点。

而要达到这个目的，最重要的就是相信孩子，并尽可能尊重孩子的意思。千万别劈头就骂"你为什么老说这种话"，甚至在孩子面前露出焦虑态度。也别取笑或嘲讽孩子"这种事哪有可能"，甚至瞧不起孩子。

若看到孩子因为高敏感而被社会用奇怪的眼光看待，也要挺身保护孩子，让外面的人明白"这孩子不喜欢这样"。

　　基本上，要用关怀的态度来守护孩子。但也不要因担心过度而照顾得无微不至，应该尊重孩子的自主性，怀着发生事情时一定会支持孩子的态度，与孩子维持适度的"距离"，才是最佳的亲子关系。

　　下面整理了重点一览表，作为养育敏感孩子的参考。

照顾高敏感孩子的十三个重点

① 建立安心的关系，让孩子敢在不喜欢时说不喜欢，吐露真心话。

② 尊重孩子的感觉、思考、心情，不强迫孩子接受父母的价值观或期待。

③ 别将焦虑与恐惧传染给孩子，别让孩子承受父母心情不佳的责任。

④ 不否定孩子的人格，更不主观认定他是什么个性。

⑤ 不能有条件地爱孩子、称赞孩子、控制孩子。

⑥ 尊重孩子的特色，别拿孩子与其他兄弟姐妹比较。

⑦ 让孩子明白高敏感的好处与优点。

⑧ 责骂孩子前要先定下规则，并在孩子违反规则时先听他的理由。

⑨ 教导孩子负面情绪并非不可取，同样是很重要的情绪。

⑩ 提醒自己不能过度保护或过度干涉孩子。

⑪ 避免孩子太过依赖亲子关系，让孩子多接触各式各样的人。

⑫ 因孩子的问题遭遇瓶颈时，先检视自己和父母的关系。

⑬ 细心观察孩子是否有解离症状或压抑情绪的情形。

Chapter 05

将高敏感
化为"优点"

((ψ)) 理想中的高敏感孩子

　　关于高敏感孩子与高敏感族，我认为他们不只是感觉比较敏锐、心思比较细腻，更是天生脑部运作机制与多数人不同的"特别的孩子""特别的人"。虽然不确定是否和艾伦博士的主张一致，但至少我是如此想的。

　　这些人因为大脑里的焦虑与共鸣神经回路功能太强，所以容易抢先读取他人的想法并压抑自己。但这并非疾病也非障碍，纯粹是天生的大脑功能特质不同。

　　就现实面来说，有些人会被诊断为"发展障碍"，有些人会被说是"比一般人稍微神经质，太过在意芝麻小事"，但我认为上述两者其实都没有抓到问题的重点。

　　发展障碍的人和高敏感族在生活中，有多数人无法想象的问题，因此过得很辛苦。他们的感受方式也与多数人不同，是拥有"异文化"的一群人。

若要用现代社会的标准来看，只能说社会上有一群高敏感族，当中有些人同时有被称为"障碍"的特色以及"适应困难"等问题，但也有人没有这些问题。例如在泛自闭症者中，有一群人同时有高敏感的情形，他就会同时拥有泛自闭症特有的过度敏感症状，以及高敏感族特有的敏感特质。但一般大众将两者混在一起，只从"敏感度"来看待他，并用有没有障碍来分析这个人，我认为这是非常不对的事。

"障碍"这个观念，应该是为了支援难以适应社会的人而存在的，所以更不该成为把人区分于社会之外的标准。

好奇心很强、同理心和同调性很高、感受性很强、直觉力很强、掌握状况的能力很强、充满创造性……这些能力都是不同于发展障碍者的过度敏感情形。请大家多重视这一点。

《Ψ》 拥有丰富内在却不被理解

我在临床上接触的许多高敏感族和高敏感孩子，他们都在生活上有各种困难，有的人还会走偏、自残、出现解离症状而迷失自己。但这些都是在成长过程中形成的二次性问题，而只有一次性问题的人，几乎都拥有对社会极有帮助的优秀资质。或许该说正因为他们拥有过于纯真的灵魂，才会活得如此痛苦。

其中有些孩子功课很好，也有些孩子很怕念书，若再加上有神经发展障碍和学习障碍等问题，不止功课会跟不上，就连一般的学校生活与团体生活都有困难，即使想升学，也往往难以如愿。

到底该如何让自己发展，该如何在这社会里活用自己的能力，通常很难找到答案。即使能展现美术、音乐或运动方面的才华，也没有人有自信能适应这个社会，所以才会找我寻求帮助。由于他们是如此没有自信，才会认为"我这种人不可能成为专家"，而他们的父母也都认为"走这条路养不活你自己"，导致他们更难扩展自己的世界。

有个孩子就是类似这样的情形，仍然深陷于烦恼中。

这个孩子从小就能看见别人看不见的东西，并且早早断定妈妈肚子里怀的是妹妹，还告诉妈妈这件事。当大人不讲理时，这个孩子能条理清晰地反驳，有时甚至会反过来对大人说教。他是个很精明的孩子，但他非常怕生，也很怕与人相处，因此被诊断为自闭症。

他在小学三年级时来找我看诊，我一眼就看出他是个非常敏感的孩子。刚开始，不论我如何提问，他就是不回答。后来，我对他进行箱庭疗法[1]，他却创造出非常惊人的世界，让我忍不住赞叹"从没看过这么了不起的作品"。

即使被诊断为障碍，即使不太会念书，他仍拥有丰富的内在世界。但我也相信随着成长，今后他势必会遇到更多困难。要如何前进以获得幸福，是他未来必须去探索的课题。

1　箱庭疗法（sandspiel sandplay therapy），又称沙盘游戏疗法或心理沙盘疗法，是以在沙中游玩获得治疗，是目前在国际上具有重要影响的心理治疗技术。

((Ψ)) 帮助孩子发展强项

　　这是另一个孩子的案例。他是高敏感孩子外加读写障碍的孩子，记不住文字，也很怕与人交谈。但是他的听力很好，一听到声音就能理解内容，因此从图书馆借了许多为视障者准备的有声书，通过耳朵读了许多书。

　　每次他要向父母说明什么事时，都会用画图加写字的方式给爸妈看。后来他想念专科学校，还努力向学校说明他不擅长阅读文字的事。但学校无法理解他的状况，只强调"无法提供特别待遇"，他只好勉强去上学，果然没多久，就中途放弃了。

　　他非常感性，也很擅长画画，所以他利用残障津贴，学习绘画技巧，创作自己的艺术世界。现在他已经自立了，当然这段过程非常辛苦，但他一心一意想开拓自己的世界，最终得到了很棒的成果。

但是话说回来，很少有孩子能像他这样面对自己，进而发展自己的长处。多数孩子都被学校和社会的不理解击倒，最后出现各种精神症状。

每次看到这样的孩子，我都非常难过，为他们抱不平。

许多感性纤细的高敏感孩子，都很有艺术天分，若能让他们在自己喜欢的领域里开花结果，绝对会很幸福。

为了发挥自己的能力，即使是不擅长的事，也会尽最大能力去努力，这就是人类。所以即使是同样的一件事，比起心不甘情不愿地去做，发自内心主动地做，动力会完全不同。

人类在做自己喜欢、擅长、开心的事时，脑里会分泌大量多巴胺，促使额叶活化，才能面对眼前的困境。将不会的事变成会的事，是人们必经的成长过程，但若为达到这个目的而过度勉强自己，最后造成身心失衡就没有意义。不如换个角度思考，与其勉强提升弱点，不如更进一步伸展强项，通过"强项"来站稳脚步，也是一种生存方式。

别去想着要消除凹凸中的"凹"，而是帮助孩子发展

"凸"的部分，届时凹的部分自然会被拉上来。

擅长的才能若能顺利发挥，孩子就会产生自信。进而产生前进的勇气与力气。届时干劲回路与理性回路，自然会比压抑自己的焦虑回路更活化。

不过，也别一开始就使尽力气想成为擅长领域的专家，或想从事擅长领域的工作。应该将擅长的部分当成自己的特色，当成生活所需的工具。多找出能成为自己"强项"的才能，才有办法产生自信，这也是高敏感孩子身边的大人们，最应该注意及提供协助的地方。

《ψ》 大脑的代偿作用

　　我在学习神经和发展问题的相关知识时，得知当人类的大脑里有较弱部分时，较强部分会发挥代偿作用，这就是大脑的运作机制。

　　在学习障碍，尤其是读写障碍的领域里，对于如何进一步发展大脑较强的部分，已经有很深入的研究。例如有读写障碍的人，虽然左脑有三处阅读回路不活跃，但其中处理文字意义的领域很活跃。而右脑负责创作想象的领域也很活跃，形成另一种不同于多数人的阅读回路。简单地说，只要有哪里出现障碍情形，为了代偿，一定会有别处的回路更加发达。

　　换句话说，因为学习障碍而有阅读困难的人，与其拼命努力想克服不擅长的部分，不如努力发展活跃的部分，多去强化自己的长处。若能活用这个特质，就不会认为学习障碍是困难的状态，而会认为是"隐藏着独特能力"的状态。

我们都知道发展强项更能提高当事人的生活品质，毕竟弱点的发展空间有限，而且会很辛苦，还得依靠他人或工具辅助。

有些人虽然部分地方有障碍，但也同时拥有过于常人、如天才般的才能。不妨思考成"这样的人只是大脑比较不一样"。爱因斯坦就是最好的例子，他负责与阅读有关的左脑构造有些异常，所以不擅长阅读文字，但相对地他拥有非常优秀的"心灵之眼"和想象力。就这一点来说，爱因斯坦的想象力就是有偏差的大脑赐给他的才华。当左额叶后方的功能受阻时，有时候，右脑会发挥学者症候群般的能力。第3章也曾说明，学者症候群的人拥有惊人的记忆力，电影《雨人》就是讲这样的故事。多数有学者症候群的人也是天生如此，而且同时也有较高的几率是泛自闭症者。天才般的记忆力，基本上是和右脑有关的记忆为主，所以推测是因为左脑功能出现障碍，右脑为了发挥代偿作用才提高功能。

有些人还有联觉能力，特征是视觉与听觉、颜色与数字、声音与想象等不同的感觉同时存在，例如能从声音里感觉到颜色，或从数字与文字里感觉到颜色，甚至从东西的外观感受到味道，是一种同时存在多个感觉的现象。

由此可见，被称为障碍的状态，并非只有凹的状况。

((Ψ)) 多数高敏感族都有"心灵之眼"

人类拥有许多无可测量的能力。其中一项是前面提过的"心灵之眼"。简单地说，就是"对于眼前看不到的东西，只要想象就能看见"的能力，也就是能将脑里的想象视觉化的能力。

例如，当我和一个拥有"心灵之眼"的孩子面对面坐着时，我问那孩子："你有办法想象你手上正拿着一个蛋糕吗？"他回答我："可以。"于是我又问他："那是什么样的蛋糕？"他回答我："是巧克力蛋糕。"

没有"心灵之眼"的人当然看不见，而我正好没有这个能力，所以看不见蛋糕。"那就是想象出来的东西嘛"，一般的人或许会这么说，但拥有"心灵之眼"的孩子不只能将想象视觉化，还能从各个角度自由观察这个被他视觉化的东西。

我继续问他："你现在是从你的角度看蛋糕，那你有办法从后面看吗？"结果他反问我："你是说从你那边看过来吗？可以啊。"接着就画下从我的角度看到的巧克力蛋糕。他甚至可以让蛋糕浮在空中，从下往上看、从上往下看。

有些人甚至能用"心灵之眼"来观察各种空间，进而从中看到许多不同的景象。不仅如此，拥有"心灵之眼"的人，即使没有具体实物在眼前，也能靠想象来"组装"。

((Ψ)) 没有"办不到"的事

　　东田直树先生的著作《我想变成鸟，所以跳起来：在自闭儿的世界里，理解是最适当的陪伴》，因为被全世界翻译成各种不同语言，他成为畅销书作家。

　　但是，我相信一定有许多人认为有泛自闭症问题，连交谈都有困难的孩子，不可能写得出这种书。但他从小就训练用手指着日语五十音图表与人笔谈，最后才有办法打字，这是疗育下的成果。

　　先前说过"障碍是一种凹凸状态"，东田先生就是最佳的例子。他或许有很多事无法像一般人一样办到，但是在另一方面，他也拥有一般常识无法衡量的优秀能力。

脑功能有障碍的日木流奈先生[1]也是一样，他几乎无法与人交谈，但同样能写出打动人心的文章。一般人大概又会认为大脑功能有重度障碍的人，不可能完成这种事。但因为心里确实有想传达给世人的想法，才有办法化为文字。

　　要发挥这种能力，需要特别的训练，当然也需要能从旁协助的人。所以在父母与当事人自己及相关人士的持续努力下，终于让才能开花结果。

　　虽然障碍的特质各有不同，但不论是钢琴家辻井伸行先生[2]，还是书法家金泽翔子女士[3]，他们都克服了一般人认为"不可能办到"的障碍，让自己的才能开花结果。

　　人类的潜在能力其实很惊人，如何让这种潜能外显并开花结果，除了当事人自己必须努力外，周围的人也需要给予协助。毕竟天才不是一夕之间就能养成，而是经过无数努力换来的。

1　日木流奈，1990 年出生。出生时体重过轻，且有先天性腹壁破裂问题。因手术后遗症引发脑功能障碍。后来又因药物副作用引发白内障而摘除双眼水晶体，但仍努力接受治疗。他著有多部作品。

2　辻井伸行，1988 年出生，出生后就因罹患小眼球症而全盲。在钢琴上有特殊才能，2009 年为日本赢得范·克莱本国际钢琴比赛金牌。

3　金泽翔子，1985 年出生，患有唐氏综合征的天才书法家。

((Ψ)) 培养长处的"好生活模式"

　　吉滨汤姆先生写了一本书，书名是《名为隐性亚斯伯格综合征的才能》。他是个非常敏感的人，尝试过许多与心灵有关的活动，也试过冥想，但都没能改善自己的状况，因此深受困扰。

　　后来他接触了气功，但气功老师对他说"只锻炼身体没有用"，于是他开始做韵律体操——用来活化大脑的血清素活化运动。在气功老师的建议下，他还挑战低碳饮食，并将诺丽果当成保健食品食用。在这三种方法同时实行一个月后，据他表示身心状态出现大变化。后来他将这个经验写成书，目的是要治疗有亚斯伯格综合征的人，并在全国展开巡回演讲活动。

　　书里提到医生们只强调"有亚斯伯格综合征的人很

怕的事",却不提他们也有许多好的方面,所以他才想通过书来宣扬亚斯伯格综合征的种种魅力。这种极力往好的方面思考的情形,被称为"好生活模式",应用在矫正罪犯的治疗过程里。

　　高敏感族也是一样,不能只顾哀叹负面要素,既然有这么多好的方面,就该设法努力发展这些正面要素。

((Ψ)) 高敏感族和高敏感孩子 都具有"敏感力"

实际上，有些人尽管会受到负面影响，但已经学会转换思考与心情，正视自己好的一面，并慢慢伸展为才能。

艾伦博士也常说，高敏感族不只容易吸收负面要素，也容易吸收正面要素。

在各种调查中，发现孩童时期同样不幸的高敏感族，比非高敏感族更容易沮丧、焦虑、内向；但孩童时期同样好的高敏感孩子，则和非高敏感孩子一样幸福，甚至比非高敏感孩子还幸福，显示高敏感孩子比非高敏感孩子更容易从好的养育方式和指导里得到更多。

——《高敏感孩子》

艾伦博士还说:"接受优质方式养育的孩子,因为置身于较好的环境里,会比其他孩子有更正面的发展。""敏感的孩子不只比非敏感的孩子容易被不良环境影响,也容易被好环境影响",她强调高敏感孩子若想有更好的成长,环境因素会是很大的关键。艾伦博士甚至进一步说明,近年来的研究已将高敏感族这种正面心态称为"敏感力"。

> 迈克尔·普洛斯(Michael Pluess)将敏感孩子的"正面心态",取名为"敏感力"(vantage sensitivity),例如高敏感族看到给人好印象的照片、露出乐观表情的照片时,会出现强烈的反应。就像一般人对害怕的事物会出现强烈反应般,高敏感族会因这种积极特质,比其他孩子更容易注意到身边好的一面(爱、贴心、有用的建议、美丽的艺术、有趣的信息等所有事物),并从中吸收正面要素。
>
> ——《高敏感孩子》

令人欣慰的是,全世界已经逐渐将高敏感族的敏感视为一种优质能力。不执着于办不到的事或缺乏的能力,而是将焦点放在眼前存在的事、办得到的事、感受到的事，并由衷接受与理解，这样自然能感受到真正的满足与幸福。放掉被环境深深烙印的"主观认定"，试着从眼前办得到的事努力看看吧。

《Ψ》 发展能活用优秀才能的社会

　　日本有个致力于启发并协助读写障碍者的非营利性组织，会长是藤堂荣子女士，她自己也是读写障碍者，但直到儿子高直先生在英国留学时，被诊断出有读写障碍，才反过来得知原来母亲也一样。

　　在英国，有读写障碍的孩子被认为很有才能，据说多数人会往艺术方面发展。高直先生也因拥有超强的空间认知能力，考进某优秀大学的建筑系，并在就学期间发挥长处，夺得国际比赛的冠军。

　　毕业后他回国，想找建筑设计师的工作，但即使是像他这般优秀的人才，在日本还是无法立刻以个人身份获得工作，只能进入公司成为一员，才有工作可做。但是新人进入公司后，无法被委以重任。因为日本的企业文化中，新人只能从一般事务性工作开始。但他不擅长这些，对他来说这是凹的部分。尽管他接受的是发展凸（强项）的教育方式，但日本社会的架构无法让他活用自己的才能。

目前他已经独立，并以建筑设计师的身份活跃于业界，但是这件事让我很有感触，英、日两国的差异竟然如此大。

日本的教育方式要孩子们什么都学，所以要考取高分。虽然考大学时也有自主招生的制度，但若要说这是为了拥有"偏差的脑"的人而存在的制度，又令人存疑。

据说在英国，只要知道孩子是读写障碍者，就会被鼓励："恭喜你，难怪你这么有才华。"正因为身处这样被理解的环境里，高直先生才能毫无阻碍地发展自己的能力。

高敏感孩子所拥有的高同理心与创造性，和通常所说很会念书的优秀人才不同，所以更需要能帮助他们发展才能的教育与环境。要发展好的一面，绝对需要能帮助他们发展的好环境，更需要拥有这种架构的社会。

日本财团与东京大学先进科学技术研究中心从全国各地找来因偏差的大脑而拥有特殊才能的孩子们。为了挖掘他们的特殊才能，以培养日本未来的人才，还设立专案努力专门培养他们。

　　有学习障碍的孩子似乎也被加入这项专案，由衷期望他们能学会各方面的能力，也希望日本能有更多这种让孩子发挥才能的场所。而要达到这个目的，必须进一步充实必要的教育机构。

《Ψ》反向思考才能创新

有一个孩子被父母虐待，我因为这件事情，得到了一个新启发。

在得知孩子被父母虐待时，我非常愤怒地说："太过分了！一定得惩罚这种恶劣父母！"

结果一位辅导员如此回应我："确实很过分，但长沼医生，'恶'真的有这么恶吗？"

"这还用说，'恶'就是破坏，破坏事物、毁了一切，还伤害人，绝对不能原谅。"我毫不犹豫地立刻反驳。

那位辅导员却说：

"或许是这样吧。但就是因为有破坏，才能产生新事物。因为被破坏了，才会产生想再创造新事物的力量。如果这么想的话，你不觉得'恶'所造成的破坏，其实也是有好的吗？"

"啊，这么说倒也是……"

要改变事物确实得出现变化才行，而变化就是创造新的事物。我直到这时才恍然大悟，我一直主观认定恶只有坏的一面，却不曾正视恶所拥有的"反面意义""本质意义"。

那位辅导员还说了这么一句话。

"况且这个世界，不就是因为有'恶'，才会有'善'吗？"

自从这段对话后，我开始转念"万事万物一定都有正反两面"。

凡事都有两面，何不反过来看呢？若能从另一面来看待孩子的反抗与走偏行为，应该就能看到全然不同的事实。

改变看法或许就会认为走偏其实并非那么不对。因为孩子只是想用大人们所说的"走偏行为"来破坏现状，因为孩子在情绪上"有非破坏不可的东西"。对于父母强迫他们接受的问题，只想反驳："这样太奇怪了吧。"只要明白这是孩子们的反抗运动，自然能明白他们的心情。

打破下意识里筑起的高墙后，就能看见原本看不见的东西，也能看见亲子间、家庭间的问题本质。

父母为什么会说不行？是真的为了孩子好才说的吗？还是只是在意社会眼光与常识才这么说？

有时孩子想传达的才是更有意义的事。

有些人认为孩子的反抗让家庭乱七八糟，但也因为这样才让家人愿意认真面对家庭问题。正因为孩子的破坏，才带来全新的改变。若能这么想，自然不会觉得孩子的行为只有一个"坏"字可以形容。

颠覆原有看法，才能看见原本被框在社会常识里而看不见的东西。拥有这种思维，才能产生创造新事物的力量。

《Ψ》 颠覆大众认知的"贝瑟尔之家"

最近精神医学界有一个很大的新动向，那就是位于北海道浦河的"贝瑟尔之家"，那是以教会为据点展开的活动。一开始是由向谷地生良先生主导团体活动，后来逐渐带动风潮，还吸引外国团体来考察，非常知名。

这个团体专门挑战"不受常识约束"的事，凡事都采取反向思考，也就是"视弱点为强项"。

刚开始有些人认为"虽然能理解这个理念，但是这么做，也无法帮助孩子适应社会"，但现在大家也逐渐明白，在这个理念下推行的活动，对精神医学来说很有效。

贝瑟尔之家有许多宣传标语，而且都很独特。

- 我们不治疗疾病。

- 疾病要活用，而不是治疗。
- 好好咀嚼疾病。

意思是都生病了，就别想着要如何治疗，应该好好咀嚼这个难得的体验。

有疾病或障碍的当事人，把自己当作研究对象来发表，并将这个活动取名为"×××之研究"（即当事人的名字）。活动上没有医护人员，也没有病患，也不分支援者与被支援者，就是大家一起研究，因为大家都是对等的，也都是初学者。

- 初学对等。
- 经验是宝。
- 共有弱点。
- 我的痛苦就是大家的痛苦。
- 帮助自己就是帮助同伴。

把自己的弱点展现出来，就能让大家一起分担痛苦，所以帮助自己就是在帮助同伴。唯有尽量暴露自己的弱点，才能反过来成为大家的助力。

- 改变遣词用语也改变行为态度。
- 笑的力量与幽默最重要。

太多人因为不敢"显露自己的弱点"而痛苦，其中有些人或许是因为无法顺利用语言表达出来，有些人是因为持续压抑情绪所致，敏感的人则是因为替对方着想而不敢说。不敢说的原因很多，所以贝瑟尔之家打破了不能暴露自己弱点的社会观念。他们鼓励大家若因为幻听而听到"去死"的声音时，要转念想成是"去发光发亮"，因为日语"去死"的发音用罗马拼音标示写为"shine"，所以"去死"就等于"去发光发亮"。他们通过这种幽默的方式，改变大家的思考习惯。

他们强调要"对事不对人"，当事人本身并不是不好，是他们的行为不好，所以没必要憎恨这个人。

当事人之研究从北海道浦河开始，现在已扩展到全日本。连东京大学先进科学技术研究中心也开始研究，并建立全国联络网，试图向全世界发送信息。

若能照贝瑟尔之家的理念前进，弱点中存在着意义，弱点就是一股确实的力量。

((Ψ)) 从执着里解放出来

我会提倡"反转"，就是因为受到这种影响。反转不只是一种反向思考，也代表将自己从执着里解放开来。

例如家暴与职权骚扰。有一名受过多次性暴力与骚扰的女性，经过心理治疗后恢复了心情，也开始重回职场，没想到马上又遭到毒手。

由于她文笔很好，所以她说："我要把自己体验过的痛苦写成小说，写成书才是正面活用我经验的方法。"但后来她突然又这么对我说："医生，我决定不写小说，我不想再执着了，我想算了。"

她似乎从痛苦的经验里得到解脱，不再执着，让我觉得很疑惑。后来才知道原来她找到一个必须活动身体的工作，因此有了转变。"我发现自己过去只会动脑不会动手，老是用头脑思考，忘了身体也需要活动。"

每天活动身体后就感到疲倦，回家后就是吃饭、洗澡、放松，然后就能睡得很熟。在这样反复的生活里，想把自己的负面体验写成小说的欲望逐渐变淡，最后觉得"算了"，才让她有办法放掉执着。

过于执着的人很容易折磨自己的精神与肉体，最好的例子就是打官司。为了给自己一个交代而向对方提起诉讼，结果自己也在整个过程里持续地承受压力，疲惫不堪。所以，遇到各种烦躁的事、令人不悦的事，若能觉得"算了"，就能放下重担，让自己无事一身轻。

先前我曾建议过，若想让高敏感孩子学习某些才艺，不妨选择武术。因为运动身体可以调节身心平衡，例如瑜伽最初就是为了这个目的而产生的，舞蹈治疗和肢体疗法也是以恢复身心平衡为目的。所以这类方法都能通过调整身体的方式，有效治愈心理。

最近还有"身体经验创伤疗法"，为肢体类疗法之一。

((Ψ)) 为现在的自己感到骄傲

画家兼作家的 Hasekura Miyuki 女士，针对如何消除高敏感人群的烦恼如此回答："其实很简单，只要下定决心不去烦恼就行了。"

换句话说，就是决定"放弃烦恼"。另外，她还建议高敏感人群要告诉自己"我一定会变幸福，我只要朝着幸福努力就行了"。

若处在只看得见负面的状态里，并持续生活着，只会让自己的眼界更狭隘。尤其是青春期，这种情形更严重，所以许多十多岁的孩子都会说前途无"亮"。但其实是因为身处在黑暗状态里，又凝视着黑暗，才会看不到其他的光明面，若能稍微移开视线往他处看，绝对能看见隐隐透着微光的另一端，扩展着一片蓝天。

自以为四处碰壁时，若能抬头往上看，总能看见一片天；只要改变看法，景色会跟着改变，事物的发展也会产生变化。

要达到这个目的，最重要的是对现在的自己有自信并且骄傲。

我认为前面提到的女性之所以能转念："算了""过去只会动脑不会动手"，就是因为做了以往不曾接触过的工作，发现活动身体对人有益，因此逐渐从自我胜任感里产生自信。

想得到"强项"并不需要先得到什么特别强的能力，只要对自己、对周遭人、对将来抱持乐观态度面对就行了。

不必为了回应谁的期待而拼命寻找相对应的能力。思考自己为什么会降生在这个世界，要怎么做才能在这个世界里活得幸福、快乐，为了达到这个目的又该采取什么行动，才是最重要的事。

((Y)) 让高敏感族大放异彩的世界

高敏感族常被认为是很敏感、很胆小、很脆弱的人，但也因为如此才能善待人们，也能理解人们的痛苦。所以只要有机会，一定要告诉他们应该为自己的高敏感而骄傲，并对自己有信心，因为这是非常棒的特质。高敏感孩子身边的大人们都肩负着一项重大责任，那就是告诉高敏感孩子，虽然会因为心思细腻而容易受伤，但也因为如此更容易将这个特质化为强项。

他们的善良与同理心，能治愈他人。为了避免他们将这个资质推向黑暗深渊，一定要好好守护他们。同时也要向他们传达信息，必须对自己的使命产生自觉，让自己能对他人更有帮助，继续发展好的一面。

比起只为自己的乐趣而活，若能对自己的使命产生自觉，这样的人会活得更坚强。从事医生这个行业后，我深有体悟——自己能对某人有些助益，自认能帮得上人，也能让周遭的人感到开心，这些都逐渐成为我的骄傲与自信。

作为高敏感孩子的自立方法之一，我认为应该多活用他们能察觉人们情绪微妙变化的特质，从事提供咨询与建议的工作。

心思细腻、敏感、贴心，这种女性常见的特质，在今后的时代里一定会越来越重要。相信未来会有更多的研究，将进一步揭开高敏感族这种完美的特质。

艾伦博士在《高敏感孩子》日文版书末"关于日文版的发行"里写道："这个世界很需要成长后的高敏感族。"甚至还提到"没有哪个时代比现在更需要能慎重思考、深层感受、察觉任何芝麻小事、最后还能看破大局的人才，相信今后他们会更为人所需"。

我非常有同感。

很希望未来的社会有更多的人，能笑逐颜开地说："很庆幸我是高敏感孩子、高敏感族！很庆幸我这么敏感！"

高敏感孩子需要更细心的呵护

　　我一直很希望能以高敏感孩子为主题写本书。

　　而艾伦博士的著作，不仅提到了高敏感族的概念，也说明了高敏感孩子的概念，成为推动我写书的助力，所以本书里也介绍了许多相关概念供大家参考。

　　但是，要向一般人说明孩子们的敏感情形，却比我想象的困难许多。

　　加上后来我离开先前服务的医院，自行开设医院。在这段手忙脚乱的时期为书执笔，始终无法挪出更多时间。我陷入苦战，在诊疗室的沙发上迎接无数次晨曦的来临。要谈论孩子们的高敏感，一定得谈论神经发展障碍症，也就是一般人所说的"发展障碍"。而如东田直树先生与栗原类先生般，由当事人来说明他们的症状与内心世界后，也逐渐让大众对神经发展障碍症有了进一步的理解。

但有神经发展障碍症的人，不论拥有多优秀的能力，对于理解他人与展现自我、处理工作等，还是无法像一般人一样顺利。东田先生也是历经无数次的误解，才走到今天这一步，因为大众普遍持有"主观来说或许会觉得他们很敏感，就客观来说会觉得他们很迟钝"的印象。

高敏感族与这种神经发展障碍症的人，处在不即不离的关系里，加上有时会合并出现依附障碍、焦虑症、情绪障碍、解离性障碍、统合失调症等症状，更让多数人无法理解他们。而以往又没有较清楚的概念，可以掌握他们面对的困难、生活上的痛苦以及这种障碍的复杂程度。

我在执笔过程中一边迷惘，一边烦恼，要如何将这种复杂的情形巧妙击破？直到最近开始出现与高敏感有关的书，但仍不见与高敏感孩子有关的书，显示大众对高敏感孩子的理解还不够。

儿童精神医学会至今仍未发表相关论文。或许是因为这并非医学诊断名，所以不易发表成论文。若医生及心理医生无心推广，恐怕很难渗透到一般社会。

但作为曾经接触过许多有敏感问题的孩子，看着无数家长内心挣扎的医生，我衷心期望能让更多人明白高敏感孩子，所以决定整理成本书。

患有心理疾病的人越来越多，导致精神科医生越来越忙碌，要在有限的诊疗时间里应对病患，只好听取表面的症状，再开出能减缓症状的药物，这是目前医界常见的做法。因为大家都没有多余的心力可以慢慢思考病患为什么会出现这种症状，再给予适当的处置。

尽管现在只要有心理医生在，有心理烦恼的人就会交由心理医生负责诊察，但有能力诊察发展性创伤障碍的心理医生仍寥寥无几，因此很容易忽略造成病患痛苦的原因与本质问题。

我对这样的医疗方式抱有疑问，因为想进行结合心理和身体以及肉眼看不见的东西的综合性医疗，所以自己开设了医院。

精神科医生非常了解各种精神症状，但因为成人精神科与儿童精神科被区分开来，导致许多精神科医生没有儿童精神科的经验，对孩子们的心理发展不甚了解，不清楚孩子们在发展过程中发生了什么事。

由于精神医疗的诊断基准 DSM-5，已重新定义神经发展障碍症的问题，相信今后对孩子们的心理问题研究会越来越进步。

高敏感族纯为心理学上的概念，有些人认为要适用在医学上会很难界定，也很不科学。但从《高敏感孩子》的书末说明可以得知，在国外早已针对高敏感展开各种不同的研究。

例如，高敏感来自脑的哪个部位，高敏感到底是什么，光是脑科学领域就有不少讨论，甚至也开始注意胎儿期与幼儿期的原始反射。逐渐累积各种客观的信息，显示高敏感问题绝非科学无法应对的问题，更让人期待这样的时代应该不远了。

开设医院至今，不论工作多忙，都有办法到隔壁食堂享用热腾腾的白米饭和味噌汤，比起在大医院服务时，只能到商店买面包或泡面来果腹，我非常感激现在的生活。食堂老板娘中村千代子女士，同时也是我们医院二楼团体家屋的老板娘，一向主张吃不只是为了摄取营养，更是让大家和做饭的人一起围着餐桌享用，边说"很好吃"边分享的重要大事。我在本书里不断强调的"好环境非常重要"，一点也不难办到，其实就是这样的环境。

最后要感谢诚文堂新光社里提议本书策划的青木耕太郎先生，以及协助编辑的阿部久美子小姐，若没有他们二位的鼎力相助，本书就无法完成，在此由衷感谢他们。

长沼睦雄

2017 年 5 月

高敏感族测验表

请认真回答以下问题，如果描述符合或者基本符合你的情况，请选择"是"；如果不完全符合或者不符合，请选择"否"。

1	经常注意到自己身边环境的微小变化	是 ☐	否 ☐
2	容易受别人情绪的影响	是 ☐	否 ☐
3	对疼痛很敏感	是 ☐	否 ☐
4	如果持续忙碌了很久，就想一个人躲着，以便好好消化	是 ☐	否 ☐
5	对咖啡因特别敏感	是 ☐	否 ☐
6	特别受不了刺眼的光线、强烈的气味、粗糙的表面或汽笛的声音	是 ☐	否 ☐
7	拥有丰富的想象力，容易沉溺于幻想	是 ☐	否 ☐
8	对噪音会感到不舒服	是 ☐	否 ☐
9	很容易受艺术和音乐打动	是 ☐	否 ☐

10	有很强的道德感	是 ☐ 否 ☐
11	容易受到惊吓	是 ☐ 否 ☐
12	如果在短时间内要完成很多事情，就会很慌乱	是 ☐ 否 ☐
13	当有人感到不自在时，总能知道如何让 TA 感到自在（如改变灯光或调换座位）	是 ☐ 否 ☐
14	当有人试图让我同时做很多件事情时，我会感到恼怒	是 ☐ 否 ☐
15	总是努力避免犯错或忘事	是 ☐ 否 ☐
16	拒绝看暴力电影或电视剧	是 ☐ 否 ☐
17	当身边发生太多事情时，会感到不愉快	是 ☐ 否 ☐
18	肚子饿的时候，会产生很强烈的反应，影响注意力或情绪	是 ☐ 否 ☐
19	生活一有变化就容易混乱	是 ☐ 否 ☐

20	能够注意到并享受美妙的香气、味道、声音和艺术	是 ☐ 否 ☐
21	喜欢提前安排好一切，以免发生让人烦恼或尴尬的情况	是 ☐ 否 ☐
22	当需要竞争或是被观察时，会变得十分紧张，不能发挥出原有水平	是 ☐ 否 ☐
23	在小时候总被父母或老师评价为敏感或害羞	是 ☐ 否 ☐

得分

如果以上描述中有 12 条以上你选择了"是"，那么你就有很大的可能是高敏感族；如果你只选择了一两项"是"，但其实敏感程度极高，那么你也有可能是高敏感族。

（出自《给即使是小事也会马上"动摇"的你》，伊莱恩·艾伦著，富田香里译，SB文库出版）

图书在版编目（CIP）数据

开启高敏感孩子的天赋 / (日)长沼睦雄著；萧云菁译. -- 北京：北京联合出版公司，2019.9（2024.4重印）

ISBN 978-7-5596-3515-0

Ⅰ.①开… Ⅱ.①长… ②萧… Ⅲ.①家庭教育 Ⅳ.① G78

中国版本图书馆 CIP 数据核字 (2019) 第 179281 号

北京版权局著作权合同登记 图字：01-2019-4426 号

Original Japanese title: KODOMO NO BINKANSA NI KOMATTARA YOMU HON
Copyright © 2017 Mutsuo Naganuma
Original Japanese edition published by Seibundo Shinkosha Publishing Co., Ltd.
Simplified Chinese translation rights arranged with Seibundo Shinkosha Publishing Co., Ltd.
through The English Agency (Japan) Ltd. and Eric Yang Agency

开启高敏感孩子的天赋

著　　者	[日]长沼睦雄
译　　者	萧云菁
责任编辑	牛炜征
项目策划	紫图图书 ZITO®
监　　制	黄利 万夏
特约编辑	曹莉丽
营销支持	曹莉丽
装帧设计	紫图装帧

北京联合出版公司出版
（北京市西城区德外大街 83 号楼 9 层　100088）
艺堂印刷（天津）有限公司印刷　新华书店经销
字数120千字　880毫米×1230毫米　1/32　7.5印张
2019年9月第1版　2024年4月第7次印刷
ISBN 978-7-5596-3515-0
定价：49.90元